MARCO POLO

KOPENHAGEN

Reisen mit

Insider-Tips

Diese Tips sind die ganz speziellen Empfehlungen unserer Autoren. Sie sind im Text gelb unterlegt.

Fünf Symbole sollen Ihnen die Orientierung in diesem Führer erleichtern:

★

für Marco Polo Tips – die besten in jeder Kategorie

für alle Objekte, bei denen Sie auch eine schöne Aussicht haben

für Plätze, wo Sie bestimmt viele Einheimische treffen

für Treffpunkte für junge Leute

(A 1)

Koordinaten für den Stadtplan,

(O) *außerhalb des Kartenbereiches*

Diesen Reiseführer schrieben Sabine Neumann und Horst Schwartz. Sie unterhalten ein auf Tourismus spezialisiertes Redaktionsbüro und reisen mehrmals im Jahr nach Dänemark.

Die Marco Polo Reihe wird herausgegeben von Ferdinand Ranft.

MAIRS GEOGRAPHISCHER VERLAG

Für Ihre nächste Reise gibt es folgende Titel dieser Reihe:

Unsere Autoren haben nach bestem Wissen recherchiert. Trotzdem schleichen sich manchmal Fehler ein, für die der Verlag keine Haftung übernehmen kann.

Titelbild: Anzenberger/Bastin & Evrard

Fotos: Fotex: Naumann (8), New Pix (12); Mauritius: Vidler (10); Pasdzior (4, 14, 19, 32, 36, 46, 52, 56, 62, 68, 72, 78, 81, 84, 90); Santor (26); Skyum (6, 35, 43, 67, 74); Sperber (58, 83); Stark (Anreise); Transglobe: Svensson (48)

Gestaltung: Thienhaus/Wippermann (Büro Hamburg)
Lektorat: Ursula Nestler
Kartographie: Mairs Geographischer Verlag
Sprachführer: In Zusammenarbeit mit dem Ernst Klett Verlag für Wissen und Bildung GmbH, Redaktion PONS Wörterbücher.

Printed in Germany

Gedruckt auf 100% chlorfrei gebleichtem Papier

INHALT

midani erbe
ENGL. STOFFER
Herrer

Entdecken Sie Kopenhagen!

Freundlich sind die Kopenhagener und tolerant. Beobachtungen aus der dänischen Hauptstadt und Komplimente für die Königin

Normalerweise ist eine Einkaufsstraße der ungeeignetste Ort, um die Bevölkerung einer Stadt näher kennenzulernen. Auf Kopenhagens Strøget, der ersten und längsten Fußgängerzone der Stadt, ist das anders. Denn »Der Strich« ist nicht nur Einkaufsstraße, sondern auch Flaniermeile, Treffpunkt von Jung und Alt, von Paaren und Pennern, von Pensionären und politischen Weltverbesserern. Wer in Kopenhagen heiratet, verbringt hier wenigstens einen Teil des Polterabends: Braut und Bräutigam getrennt voneinander mit jeweils eigener Clique und manchmal abenteuerlich verkleidet. Kurz: Am Strøget läuft niemand und nichts vorbei. So kann man sich mit ein wenig Muße, wozu zahlreiche Cafés einladen, die an schönen Tagen flugs Tische vor die Tür stellen, schon bald einen ersten Eindruck von den Hauptstädtern verschaffen. Sie sind gar nicht so gemütlich, wie man ihnen nachsagt, sondern fühlen sich gehetzt wie Großstädter in aller Welt. Aber sie bleiben bei aller Hektik höflich, manche sogar heiter – wozu nicht zuletzt die vielen Straßenmusikanten beitragen mögen, die den Strøget in eine einzige Open-air-Veranstaltung verwandeln.

Pulsierende Lebensader der Stadt: der Strøget

Auch eine Bank im Tivoli wäre ein hervorragender Beobachtungsposten, um zu sehen, wie die Kopenhagener miteinander umgehen. Kinder, so scheint es, werden kaum gegängelt und Jugendliche weniger bevormundet als vielleicht anderswo. Behinderte – das fällt allerorten auf – werden ebenso selbstverständlich in das Alltagsleben einbezogen wie alte Leute.

Szenenwechsel: Der Besuch in der Schatzkammer von Schloß Rosenborg wird zur Fortgeschrittenen-Lehrstunde für Kopenhagen-Besucher. Hier werden die Kronen der dänischen Könige ausgestellt, aber nicht wie Reliquien, sondern ganz profan hinter Panzerglas wie andere historische Kostbarkeiten auch. Das sagt einiges über das Selbstverständnis des dänischen Königshauses. Und wenn der Lärm einer Kin-

Glanz vergangener Epochen: die Kronjuwelen von Schloß Rosenborg

dergartengruppe oder Schulklasse den Raum erfüllt, wird spürbar, daß schon die Kleinen allem, was mit der Königin zu tun hat, großes Interesse entgegenbringen. Womit etwas über die Popularität des Königshauses gesagt ist. Und in der Schatzkammer zeigt sich auch, welche Freiheiten Kinder in Dänemark genießen. Der kuppelförmige Glasbehälter mit den Kronjuwelen inmitten des Raumes fordert kleine Besucher geradezu heraus, an dem Gittergerüst hinaufzuklettern, um – möglichst von ganz oben – eine bessere Sicht auf die königlichen Schätze zu erhaschen: Kein Wärter pfeift sie zurück. Die Museen des Landes verstehen es, schon die kleinsten Dänen für Kunst und Kultur zu begeistern.

Die Dänen, und darin machen die Kopenhagener keine Ausnahme, sind überhaupt ein sehr kinderfreundliches Volk. Das äußert sich nicht in überzogener Herzlichkeit, sondern darin, daß man immer und überall auch an die Kinder denkt. Spielecken in Geschäften und Banken, in Museen und auch bei Behörden sind eine Selbstverständlichkeit. Kopenhagen-Besucher, die ihre quengelnden Kinder beim anstrengenden Stadtbummel ausschimpfen – oder denen gar die Hand ausrutscht –, müssen mit öffentlicher Empörung rechnen. Da endet die Toleranz der Dänen.

Es sind die Bewohner der Hauptstadt, die den Kopenhagen-Besuchern als erstes nach der Rückkehr ins Gedächtnis kommen. Von ihnen erzählen sie hauptsächlich und erst dann von deren Bauten. Die Kopenhagener werden allerdings immer weniger. Lebten 1950 noch 770 000 Einwohner im eigentlichen Kopenhagen, sind es heute keine 500 000 mehr. Hinzu kommen noch rund 85 000 Bewohner von Frederiksberg, einer selbständigen Kommune mitten im Häusermeer von Kopenhagen. Was die Dänen *Storkøbenhavn* nennen, also Großkopenhagen, umfaßt zusätzlich alle Vororte der Stadt, die selbständige Gemeinden sind und verwaltungsmäßig *Københavns Amt* mit 630 000 Einwohnern bilden. Wenn allerdings Außenstehende von »Großkopenhagen« reden, ist damit die *Hovedstadsregion* gemeint, die Hauptstadtregion mit 50 Gemeinden rund um die Stadt, wo dann insgesamt 1,4 Millionen Menschen leben. Zum Vergleich: Ganz Dänemark zählt 5,1 Millionen Bewohner.

Kopenhagen liegt an der Ostküste der Insel Seeland (Sjælland), der größten der dänischen Ostseeinseln. Von der Stadt blickt man auf den Øresund, die vielbefahrene Meerenge zwischen Seeland und der Küste Südschwedens. So richtig schön ist die Stadt nur in ihren nördlichen Randgebieten und im Innenstadtbereich. Wer von Süden mit dem Auto anreist, den erschrecken erst einmal Trabantenstädte und seltsam unorganisch wirkende Vorstadtreviere. Doch dieser Anblick ist beim ersten Bummel durch das Kopenhagener Zentrum schnell vergessen. Je öfter der Bummel wiederholt wird und je besser man sich orientieren kann – Rathausplatz und Tivoli, Strøget, Kongens Nytorv, Amalienborg sind die immer wiederkehrenden Koordinaten –, desto stärker wird der Eindruck, daß die Altstadt geradezu klein ist, überschaubar, gar *hyggelig*, gemütlich. Hier erschlägt den Besucher nichts, kein Platz, kein Monument, kein Gebäude. In Kopenhagen steht der Mensch im Mittelpunkt.

Männer und Frauen sind in Dänemark nicht nur auf dem Papier gleichberechtigt. Eine alltägliche Beobachtung am Rande: Auf Kopenhagens Straßen schieben die Väter wie selbstverständlich die Kinderwagen (die besonders groß sind und mit ihren extrem hohen Rädern ziemlich antiquiert wirken). In den meisten Familien haben der Mann und die Frau ihren Beruf. So gibt es fast immer zwei Einkommen – auch wenn einer der beiden arbeitslos ist. Dieses Schicksal trifft laut Statistik zwölf Prozent der Berufstätigen, rechnet man die Zahlen hinzu, die sich durch die Vorruhestandsregelung ergeben, sind es doppelt so viele, nämlich 700 000 bis 800 000. Ihr Arbeitslosengeld ist höher als der gesetzlich garantierte Mindestlohn. Apropos: Ein Verkäufer (oder eine Verkäuferin) verdient 12 000 bis 14 000 Kronen im Monat, ein Facharbeiter 15 000 bis 18 000. Eine Sekretärin bringt es leicht auf ein Salär von 20 000 Kronen. Die Lebenshaltungskosten sind hoch, dazu kommt ein Steuersatz, der in den günstigsten (!) Fällen bei 48 oder 49 Prozent liegt. Dafür winkt jedem Dänen, ganz gleich, wie lange er gearbeitet und wieviel er verdient hat, eine einheitliche Mindestpension von derzeit 4700 Kronen im Monat. Soziale und medizinische Dienstleistungen sind kostenfrei, aber Krankenhäuser führen, von Notfällen abgesehen, lange Wartelisten.

Nicht nur der freundliche Umgang mit Kindern und ein Gefühl für Gleichberechtigung zeichnet die Dänen aus, sondern auch ihre sprichwörtliche Toleranz, was insbesondere auf die Bewohner der Hauptstadt zutrifft. Gut, die Kopenhagener mögen die Jütländer vielleicht nicht so sehr (weil sie nach ihrer Meinung zu provinziell sind), aber das äußert sich nur in ein paar bissigen Bemerkungen. Sie sind ohnehin gute Spötter, die Hauptstadtdänen, und sie lernen schnell, auch in einer Fremdsprache – Englisch und Deutsch sind fast zweite Muttersprachen – ironische Bemerkungen zu machen. Daß diese Ironie häufig von einer gewissen Derbheit ist, darf niemand persönlich nehmen.

Mit der Toleranz der Kopenhagener hat auch die Geschichte des »Freistaats« Christiania zu tun, die 1971 begann. Gewiß, in den ersten Jahren sind die Besetzer des verlassenen Kasernengeländes in Christianshavn bekämpft und auch verteufelt worden, und in der politischen Auseinandersetzung um diese Einrichtung fielen harte Worte, die man den so liebenswürdigen Dänen gar nicht zutraute. Auch gab es Räumungsbefehle und -versuche, doch letztendlich hat der Staat von seinem Gewaltmonopol nur gemäßigt Gebrauch gemacht. Inzwischen führten Einsichten auf beiden Seiten zu vertraglichen Abmachungen, und Christiania erhielt zum Zwanzigjährigen den staatlichen Segen.

Im großen und ganzen sind die Kopenhagener zudem rücksichtsvoll. Bei aller Liebe zu ihren Hunden beispielsweise, wobei ein Faible für die größeren Rassen wie etwa den Dobermann nicht zu übersehen ist, führen sie sie stets an der Leine, und Restaurants sind für die Vierbeiner im Normalfall tabu. Nur in einem Punkt nehmen die Kopenhagener wenig Rücksicht auf andere: Es wird sehr viel geraucht. Dabei entdeckt man nirgendwo – aber wirklich nirgendwo! – einen Zigarettenautomaten. Zigaretten, in Dänemark besonders teuer, erhält man in Tabakläden oder (in geringerer Auswahl) in Restaurants. Die Königin Margrethe II. übrigens darf bei einem Konsum von 50 Glimmstengeln am Tag getrost als Kettenraucherin bezeichnet werden. Selbst ihren Untertanen scheint das ein wenig viel, weshalb Karikaturen der paffenden Queen keine Seltenheit sind.

Spricht man die Kopenhagener auf ihre Königin an – und sie sprechen gerne über das Königshaus –, sagen sie, daß diese »zu uns« gehöre, gewissermaßen zur Familie. Ein größeres Kompliment kann eine Regentin wohl

Der »Freistaat« Christiania beweist die Toleranz der Dänen

Spaziergänge durch Kopenhagen

Gärten, Museen & ein Schloß

Der grüne Nordosten der Kopenhagener Innenstadt bietet sich für einen Natur- und Kulturbummel an: Picknick im Garten des Schlosses Rosenborg, Besichtigung des Renaissance-Schlosses und der Schatzkammer, Bummel durch den benachbarten Botanischen Garten, Spaziergang im Grünen zum Statens Museum for Kunst oder zur Hirschsprung-Sammlung.

Königliches

Auf der Uferpromenade Langelinie die Kleine Meerjungfrau begrüßen, durch das Kastell mit den Kasernen- und Parkanlagen spazieren, auf dem Weg zur Wachablösung (Punkt 12!) vor dem Schloß Amalienborg einen Schlenker zur Marmorkirche einlegen. Nach der Wachablösung im neu angelegten Park Amaliehaven am Oslo-Kai den Fähren beim Auslaufen zuschauen und dem Fernweh freien Lauf lassen.

Quirliges Kopenhagen

Die Pflichtübung: von Kongens Nytorv über den Strøget – und immer wieder abbiegen in die mittelalterlichen Seitenstraßen – zum Rathausplatz. Auf diesem Bummel lernt man die Kopenhagener schon ganz gut kennen.

Tivoli

Mehr als ein Vergnügungspark: ein bunter Garten mit zigtausend Blumen, einem verwunschenen See, Vogelgezwitscher und Bänken zum Rasten und Träumen. Ein Spaziergang durch den Tivoli gehört für viele Kopenhagener zum Alltag (mit Copenhagen Card Eintritt frei). Besonders gemütlich ist der Park in den Vormittagsstunden, wenn die Karussells noch nicht ihre Runden drehen.

Schloßinsel

Auf der Børsgade die Börse bewundern, durch das gewaltige Schloß schlendern, auf der Reitbahn den königlichen Pferden bei der Morgenarbeit zuschauen, im ruhigen Bibliotheksgarten Rast machen, das Hausbootidyll am Frederiksholmskanal betrachten.

Christianshavn

Über die Knippelsbrø gelangt man in eine Welt für sich, den von Kanälen und kerzengeraden Straßen geprägten Stadtteil Christianshavn. Kirchen sind zu bewundern, Bastionen und – der »Freistaat« Christiania.

Die Kommune Frederiksberg

Eine Stadt in der Stadt: In Frederiksberg liegen brodelnder Großstadttrubel und ländliches Idyll dicht beeinander. Im Schloßpark Frederiksberg kann man stundenlang spazierengehen, Kahn fahren, den Zoo besuchen – und sich in den ländlichen Gartenrestaurants stärken.

nicht bekommen. Die älteste Monarchie der Welt zeigt nicht die geringsten Abnutzungserscheinungen. Das liegt zum Teil daran, daß die königliche Familie bisher noch zu keiner Skandalschlagzeile Anlaß gab. Die Ehe zwischen Königin Margrethe II. und ihrem Gemahl, Prinz Henrik, gilt als gut. Dabei ist die Rolle, die der französische Diplomat Henri Marie Jean André Graf de Laborde de Monpezat annahm, als er 1967 die damalige dänische Kronprinzessin heiratete, nicht einfach. Er mußte nicht nur einen neuen Namen annehmen, sondern auch eine neue Sprache und einen neuen Glauben. Die Königin ist im liberalen Dänemark die einzige Person, die keine Religionsfreiheit genießt: Sie muß der Staatskirche angehören. Dies ist für die Königliche Familie zwar keine gesetzliche Pflicht, aber dennoch eine Selbstverständlichkeit. Die beiden Söhne des Regentenpaares, der 1968 geborene Kronprinz Frederik und Prinz Joachim, ein Jahr später zur Welt gekommen (er studiert Landwirtschaft), haben ebenfalls noch nie über die Stränge geschlagen.

Daß die Königin so überaus beliebt ist, liegt sicherlich auch an ihrer Person. Ihren aussterbenden Beruf übt sie mit Umsicht

Ein Leben ohne Tivoli ist für die Kopenhagener unvorstellbar

aus. Kopenhagen-Besucher können erleben, daß ein Rolls-Royce mit königlicher Standarte am Kongens Nytorv brav bei Rotlicht wartet, während Fußgänger bei Grün den Platz passieren. Die Königin hält sich an die Verkehrsregeln. Der andernorts übliche Einsatz von Martinshorn und weißen Mäusen wird in Kopenhagen nicht praktiziert.

Margrethe II. hat eine ausgeprägte musische Ader, sie malt und zeichnet gern und hat vor ein paar Jahren für eine Inszenierung des Balletts »Et Folkesagn« am Königlichen Theater die insgesamt 200 Kostüme und das Bühnenbild entworfen. Einmal in der Woche tanzt die Monarchin Ballett, zum Mal- und Zeichenunterricht besucht sie ein privates Atelier. Die Königin, die Philosophie, Staatsrecht und Archäologie studierte, hat eine dänische Ausgabe von Tolkiens »Herr der Ringe« illustriert und mit ihrem Mann das Werk »Alle Menschen sind sterblich« von Simone de Beauvoir ins Dänische übersetzt. Ist es bei so viel Talent und Tugend ein Wunder, daß es die Wehrpflichtigen des Landes als Ehre betrachten, wenn sie in den letzten zwei Monaten ihres neunmonatigen Wehrdienstes zu den Leibgardisten abkommandiert werden? Daß sie während der zweistündigen Wach-Perioden im Hof des Schlosses Amalienborg – in denen sie jeweils fünf Minuten lang stillstehen und zehn Minuten auf und ab marschieren – durchaus schon einmal einer Touristin zuzwinkern oder Besuchern hinter scheinbar geschlossenen Lippen eine Antwort auf ihre neugierigen Fragen zuzischeln, entspricht der Lässigkeit, mit der Dänen an solch würdevolle Aufgaben herangehen. Sie haben ohnehin ein eigenes, recht unkompliziertes Verhältnis zum Militär – wie sie auch ein unkompliziertes Verhältnis zu ihrer Flagge pflegen, dem »Danebrog« (was nichts anderes heißt als: rotes Tuch), übrigens die älteste Flagge der Welt.

Nicht zuletzt hängt die Hochachtung der Dänen für ihr Königshaus mit der sperrigen Haltung zusammen, die König Christian X. gegenüber der Besetzung des Landes durch deutsche Truppen im April 1940 einnahm. Zum Eklat mit den Besatzern kam es im August 1943, als die dänische Regierung es ablehnte, den von den Deutschen geforderten Ausnahmezustand von sich aus zu erklären. Das führte zur Absetzung der Regierung, zur Auflösung des Reichstages und zur Entwaffnung des Heeres. Der König wurde auf Schloß Amalienborg unter Hausarrest gesetzt.

Christian X. war bisher der letzte in der Reihe der Könige aus den Häusern Oldenburg und Glücksburg, die diesen Namen trugen. Es fällt Kopenhagen-Besuchern nicht leicht, zwischen all den Christians und Frederiks zu unterscheiden. An einen von ihnen, Christian IV., der von 1588 bis 1648 regierte, erinnern besonders viele (meist Renaissance-)Bauten in der Stadt, darunter die Börse, Schloß Rosenborg, der Runde Turm und die Marinehäuschen von Nyboder sowie der Amsterdam-ähnliche Stadtteil Christianshavn. Zur Zeit Christians IV. war Kopenhagen bereits 150 Jahre Residenzstadt des Reichs, zu der es Christof-

Hans Christian Andersen schuf in Kopenhagen die schönsten Märchen

fer III. (von Bayern) 1443 gemacht hatte. Damals beherbergte die 1167 von Bischof Absalon, der mehr mit dem Schwert als mit dem Kreuz unterwegs war, gegründete Stadt 10 000 Einwohner. Christian I., der später die Universität gründete, wurde 1448 als erster König in Kopenhagen gekrönt. Eine Krönungszeremonie gibt es nicht mehr, seit 1849 – noch während des deutsch-dänischen Krieges (1848 bis 1850) – die Demokratie eingeführt wurde. Seitdem proklamiert der Ministerpräsident vom Balkon des Schlosses Christiansborg aus in drei Himmelsrichtungen den König oder die Königin. Die Königskrone ist in die Schatzkammer von Schloß Rosenborg verbannt, sie schmückt keine einzige Minute mehr ein königliches Haupt, auch nicht bei höchsten Anlässen. Allerdings wird die Krone mit dem Säbel und allen Orden auf den Sarg gelegt, wenn ein Herrscher stirbt. Zum letzten Mal war das beim Tod von Frederik IX. 1972 der Fall. Ihm folgte seine älteste Tochter Margrethe Alexandrine Thorhildur Ingrid, geboren am 16. April 1940, wenige Tage nach der deutschen Besetzung des Landes, als Margrethe II. auf den Thron. Das ist nur bildlich zu verstehen. Denn auch die beiden Thronsessel im Kronsaal von Schloß Christiansborg werden schon längst nicht mehr benutzt. Wenn die Königin einen Empfang gibt, steht sie am Kopfende des Raumes, und wenn die Audienz beendet ist, dürfen die Besucher ihr heutzutage getrost den Rücken zuwenden, um Richtung Ausgang zu streben.

Gewohnt sind es die Untertanen auch, ihre Königin in der Vorweihnachtszeit ohne Hofstaat beim Weihnachtseinkauf zu treffen. Überhaupt – die Wochen vor Weihnachten sind ein ganz besonderes Kapitel in Kopenhagen. Der Atmosphäre in der festlich dekorierten Stadt kann sich kein Besucher entziehen, und (Achtung, Weihnachtsmuffel!) die sichtbar zur Schau getragene, kindliche Vorfreude steckt an. Alle Geschäfte am Strøget und in den Nebenstraßen übertreffen sich an phantasievollen Weihnachtsdekorationen. Kein Troll, kein Elch, keine Kinder-Schaufensterpuppe in der Stadt, denen nicht eine Weihnachtsmütze übergestülpt wird! Auch dem Kiosk am Kongens Nytorv werden zur Weihnachtszeit ein paar bunte Glaskugeln und Weihnachtslichter verpaßt, von den größeren Kaufhäusern ganz zu schweigen. Das ist die Zeit der Weihnachtskarten und Julemærker. Das sind Weihnachtssondermarken, bunte, von Künstlern gestaltete Briefmarken ohne Portowert, von deren Erlös Kinderheime finanziert werden. Für jeden dänischen Künstler bedeutet es eine große Ehre, zur Gestaltung der jährlich wechselnden Kollektion der Weihnachtsmarken aufgerufen zu werden. Selbstverständlich gehörte auch schon Königin Margrethe II. zu ihnen.

Die Wochen vor Weihnachten sind auch die Wochen, in denen die Kopenhagener Unmengen von *Jule-Gløg* trinken, eine Mischung aus Rot- und Portwein, Rum und Kognak, angereichert mit Rosinen, Mandeln und köstlichen Gewürzen. Der *Gløg,* der also mehr und etwas ganz anderes ist als Grog und Glühwein, macht die Kopenhagener noch fröhlicher. Der Wirt von »Hviids Vinstue«, wo es den besten *Jule-Gløg* der Stadt gibt, verkauft alljährlich vier Tonnen (!) des edlen Gesöffs...

Wer das Glück hat, von einer Kopenhagener Familie zu Weihnachten eingeladen zu werden, erlebt ein Fest fern von aller Sentimentalität und voller Fröhlichkeit. Ehe Familienmitglieder und Freunde den Weihnachtsbaum (und die Geschenke) bewundern, wird getafelt: Lachs, Ente, Weihnachtsschinken. Zum Schluß gibt's Reiscreme mit Kirschen und Sahne, wer die darin versteckte Mandel erwischt, erhält ein Extrageschenk. Beim gemeinsamen Singen meist lustiger Weihnachtslieder tanzt die ganze Familie gemeinsam um den Weihnachtsbaum. Dänische Weihnachten sind fröhlich!

»Tak«, danke, und *»mange tak«*, vielen Dank, sind die wichtigsten Vokabeln, die man für einen Privatbesuch benötigt. Kopenhagener sind Meister im Bedanken! Sie bedanken sich für die Einladung bei der Zusage wie auch beim Erscheinen (Danke, daß wir kommen dürfen), ein Dank gehört zum Abschied (Danke, daß wir kommen durften) – und ein Dankeschön für den wundervollen Abend wird dann noch einmal per Telefon nachgeschickt. Also: *tak* und *mange tak*! Aber noch nie ist eine Freundschaft daran gescheitert, daß mal ein Dankeschön vergessen wurde. Das sehen die Kopenhagener vor allem ausländischen Gästen nach. Sie sind wirklich tolerant.

Was schauen wir an?

Die übersichtliche Altstadt lädt zum Kulturbummel ein, beim Picknick im Park kann man sich erholen. Und immer wartet ein Königsschloß

Kopenhagen ist Kopenhagen. Basta. Im Gegensatz zu anderen Metropolen vergleicht niemand den »Kaufhafen«, nichts anderes bedeutet »København«, mit anderen Städten, um seine Schönheit zu schildern – so wie Spree-Athen für Berlin herhalten muß oder Venedig für Hamburg. Kopenhagen ist eben Kopenhagen.

Und es ist für viele Bewohner und für nicht wenige Besucher immer noch die schönste Stadt auf diesem Kontinent. Zumindest ist die Hauptstadt des kleinen Königreichs im Norden eine der besucherfreundlichsten. Neun von zehn Attraktionen, die man gesehen haben sollte, liegen innerhalb des kleinen, nur knapp vier Quadratkilometer großen Altstadt-Areals. Dessen Markierungspunkte sind das Kastell im Norden und der Vergnügungspark Tivoli im Süden, der Botanische Garten im Westen, Hafen und »Neuhafen« (Nyhavn) im Osten. Das ist genau das Gebiet, das früher von gewaltigen Festungsanlagen umgeben war, die Kopenhagen schützten. Diese sind längst Grünanlagen gewichen, die Hauptstadt Dänemarks präsentiert sich den Gästen offen und ungeschützt.

Die Börse mit eigenwilligem Drachenturm stammt von Christian IV.

In Kopenhagen kann jeder Besucher sein Auto getrost stehenlassen (und sollte das auch tun, weil die Stadtverwaltung das Autofahren durch rigorose Verknappung des Parkraums systematisch verleidet), die Innenstadt ist bequem zu Fuß zu erkunden. Cafés und lauschige Plätzchen laden Fußmüde zur Rast ein. Die restlichen Bauten und Denkmäler sind bequem mit öffentlichen Verkehrsmitteln zu erreichen, und bei den kurzen Entfernungen selbst im Großraum Kopenhagen kostet auch ein Taxi kein Vermögen.

Wegweiser, Sightseeing-Ratgeber und Ticket in einem ist die Copenhagen Card (»Wie man ohne Fahrgeld auskommt und 60mal keinen Eintritt zahlt«), mit der die Stadt ihren Besuchern ein – vielfach kopiertes, doch nirgendwo sonst in dieser Perfektion erreichtes – Ei des Kolumbus auf den Hotel-Nachttisch legt. Doch solch ein Schlüssel zum touristischen Kapital der Stadt macht süchtig. Da hilft nur weise Beschränkung. »Ganz Kopenhagen« läßt sich bei einem einzigen Besuch ohnehin nicht entdecken. Das bedeutet: Man muß wiederkommen. Bei jedem weiteren Besuch – ganz gleich, wie viele Jahre dazwischen liegen – wird man das Gefühl haben, es seien nur ein paar Monate vergangen. Denn Kopenhagen verändert sich nur langsam. Natürlich sind auch in dieser Stadt Bausünden begangen worden – ein besonders scheußliches Relikt steht am Kultorvet: die Hauptbibliothek der Stadt –, doch im großen und ganzen haben die Stadtplaner Augenmaß behalten. So präsentiert sich die Innenstadt als unvergleichlich schönes, intaktes Ensemble von Häusern, Straßen und Plätzen. Kopenhagen ist im Zweiten Weltkrieg nicht bombardiert worden. Die einzige mit einem Bombardement vergleichbare Beschießung erlitt die Altstadt 1807, als britische Flotteneinheiten so manches Haus in Schutt und Asche legten. Doch zu dieser Zeit war vom alten Kopenhagen, dessen Ruf als schönste aller Kapitalen Europas in alle Welt hinausging, schon nichts mehr vorhanden. Verheerende Brände hatten die Residenzstadt des 17. Jhs. vernichtet. Bei einem der

MARCO POLO TIPS FÜR BESICHTIGUNGEN

1 Bakken
Des Tivoli ältere und volkstümlichere Konkurrenz (Seite 18)

2 Frederiksberg Have
Der Park, in dem die Kopenhagener heiraten und andere Feste feiern (Seite 34)

3 Tivoli
Mehr als ein Vergnügungspark: der Himmel auf Erden für 30 000 Besucher am Tag (Seite 18)

4 Christians Kirke
Die Kirche, die innen wie ein Theater aussieht (Seite 22)

5 Grundtvigs Kirke
Kathedrale aus sechs Millionen Ziegelsteinen (Seite 23)

6 Gråbrødretorv
Vielleicht der schönste aller Plätze der Altstadt – auf jeden Fall einer der lebendigsten (Seite 27)

7 Schloß Rosenborg
Das Renaissance-Schloß, lange Jahre Rumpelkammer des Hofes (Seite 31)

8 Nyhavn
Die Hafenstraße, malerisch statt verrucht (Seite 31)

9 Strøget
Mehr als eine Einkaufsstraße: Der »Strich« ist die Lebensader der Stadt (Seite 33)

10 Christianshavn
Ein Hauch von Amsterdam in der Siedlung Christians IV. (Seite 34)

beiden größten Brände im Jahr 1728 wurden 1670, bei dem von 1795 wurden 1000 Holz- und Fachwerkhäuser Opfer der Flammen. Dem Wiederaufbau verdanken wir das (alte) Kopenhagen von heute, dessen Besuch so süchtig macht.

BRAUEREIEN

Carlsberg **(A 6)**
Nach seinem kleinen Sohn Carl hat J. C. Jacobsen seine Brauerei im Vorort Valby benannt, in der am 10. November 1847 zum ersten Male das berühmte Bier gebraut wurde. Sohn Carl erweiterte den Komplex um die Ny-Carlsberg-Brauerei. Die Führung durch das Mekka aller Biertrinker, dessen Wahrzeichen der von vier Elefanten aus Bornholmer Granit getragene Elefantenturm ist, endet mit Freibier in den Besucherräumen des schon im Jahr 1882 gegründeten Carlsberg-Museums, in dem die Erinnerung an die Firmengründer und das Wachsen ihres Imperiums zu einer der größten Brauereien der Welt wachgehalten wird. Prächtigster Raum des Museums ist der Kaiserinnensaal, zu dessen Ausschmückung u. a. Dänemarks berühmtester Bildhauer, Bertel Thorvaldsen, beigetragen hat. Vater und Sohn Jacobsen begegnet man in Kopenhagen auf Schritt und Tritt als Kulturmäzene (Ny Carlsberg Glyptotek). Und noch heute trägt der Ny-Carlsberg-Fonds erheblich zum Kulturleben der Stadt bei. *Führungen (auch auf deutsch) und Kostproben Mo–Fr 11, 12.30 und 14 Uhr, Eintritt frei, Elefantenporten, Ny Carlsberg Vej 140, Bus 6, 10, 18*

Tuborg **(O)**
Auch in Tuborgs Brauerei, 1873 gegründet und schon seit langem mit Carlsberg fusioniert, werden nach der Besichtigung Bierproben serviert. Hier ist eine 26 Meter hohe Bierflasche das Wahrzeichen, die 1888 für eine Industrieausstellung gebaut wurde. *Führungen (auch auf deutsch) Mai bis Dez. Mo–Fr 10, 12.30 und 14.30 Uhr, Eintritt frei, Strandvejen 54, Hellerup, S Hellerup, Bus 6, 21, 23*

GÄRTEN, PARKS, VERGNÜGUNGSSTÄTTEN

Akvarium **(O)**
An Wochenenden (und in den dänischen Schulferien) darf man im Aquarium, das zu den größten und schönsten in Europa gezählt wird, bestimmte Fische anfassen! Die einzelnen Becken sind faszinierend gestaltet – da gibt es regelrechte Landschaftsaquarien, Nachtaquarien und solche, in denen künstliche Brandung erzeugt wird. *Jan., Feb., Nov. und Dez. Mo bis Fr 10–16, Sa und So 10–17 Uhr, März–Okt. tgl. 10–18 Uhr, Erwachsene 45, Kinder 25 dkr, Kavalergården 1, Charlottenlund, S Charlottenlund, Bus 6, 176*

Assistens Kirkegård **(C 1)**
Dieser 1757 entstandene »Hilfsfriedhof« wurde nach den Erfahrungen der großen Pest 1711 angelegt, als die damals üblichen Grabstellen in den Kirchen bei weitem nicht mehr ausreichten. Er ist Kopenhagens schönster Friedhof und gleichzeitig ein zu Picknick und Sonnenbad lebhaft genutzter Park. Zu den Berühmtheiten, die hier bestattet sind, gehören der Dichter Hans Christian Andersen (Abschnitt

P), der Philosoph Søren Kierkegaard (Abschnitt B) und der Schriftsteller Martin Andersen Nexø (»Pelle der Eroberer«, beim Eingang). *Nørrebrogade, Bus 3, 5, 7, 16, 18*

Bakken (O)

★ ⊛ Der nördlich vor den Toren Kopenhagens liegende Vergnügungspark ist der älteste Dänemarks, wenn nicht der ganzen Welt, also viel älter als der Tivoli und viel ursprünglicher. Touristen verirren sich seltener in das schon vor 400 Jahren angelegte Vergnügungsgelände. Wenn die Kopenhagener hier hingehen, machen sie sich nicht fein, wie vielleicht zum Besuch des Tivoli, sondern sie nehmen den Picknickkorb mit.

Bakken liegt am Rande des *Dyrehaven,* eines wald- und wildreichen Naturparks. *Ende März bis Ende Aug. tgl. 14–24 Uhr, Eintritt frei, Dyrehavsbakken Klampenborg, S und Regionalzug Klampenborg, Bus 1, 6, 388, 200 S*

Bibliotheksgarten (F-G 4-5)

In Gesellschaft des (steinernen) Philosophen Søren Kierkegaard (1813–1855) kann man nach anstrengender Stadtbesichtigung im Garten der Königlichen Bibliothek die Füße hochlegen. Die Bibliothek ist über 300 Jahre alt, in den hier stehenden Bau ist sie erst 1906 eingezogen. Der kleine Park ist eine Oase der Ruhe mitten in der Stadt. *Christians Brygge 8, tgl. 9–19 Uhr, Bus 1, 2, 6, 8–10, 31, 37, 42, 43, 73 E*

Botanisk Have

Stolz des Botanischen Gartens ist das schon bei der Anlage des zehn Hektar großen Parks 1874 gebaute und 1982 renovierte große Palmenhaus. Von ähnlich attraktiven botanischen Gärten andernorts unterscheidet sich der Botanisk Have nicht zuletzt durch die Sammlung aller Pflanzen Dänemarks, Islands, der Färöer und Grönlands. *Palmenhaus tgl. 10–15 Uhr, Garten tgl. 8.30–18 (im Winter 16) Uhr, Eintritt frei, Gothersgade 128/Øster Farimagsgade 2 c, S und Regionalzug Nørreport, Bus 5, 7 E, 10, 14, 16, 31, 40, 42, 43, 73 E, 184*

Tivoli (E 5)

★ ⊛ Mindestens einmal im Jahr geht jeder anständige Kopenhagener in den Tivoli, mancher macht sich dafür besonders fein. Seitdem der Vergnügungspark mitten in der Stadt 1843 eröffnet worden ist, haben ihn schon über 280 Millionen Gäste besucht – darunter Michael Jackson, der den Tivoli gleich kaufen, über den großen Teich schaffen und daheim wieder aufbauen wollte. Das wäre ein Umzug geworden! Denn im Tivoli drehen sich 25 nostalgische Karussells neben hypermodernen Fahrgeschäften, und 28 Restaurants von der Gartenkneipe bis zum erstklassigen Speiserestaurant mit insgesamt 10 000 Plätzen versorgen die durchschnittlich 30 000 Besucher am Tag. Eines von ihnen hat sich in einer nachempfundenen Fregatte aus dem vorigen Jahrhundert etabliert, die am Ufer des Tivoli-Sees ankert.

Das älteste der zahlreichen historischen Gebäude auf dem Gelände ist das Pantomimentheater im chinesischen Pavillon: Es stammt aus dem Jahre 1874. Dort treten jeden Abend (außer sonntags) Pierrot, Harlekin und Ko-

Stolz des Botanischen Gartens ist das Palmenhaus von 1874

lombine auf – und so lebt die Commedia dell'arte, die italienische Renaissance-Farce, hier weiter. Der Andrang zu den Vorführungen ist so groß, daß Spiegelverleiher ihre originellen Konstruktionen anbieten, mit deren Hilfe man über die Zuschauer hinweg auf die Guckkastenbühne blicken kann.

Besonders idyllisch wirkt der bei allem Rummel gemütliche Vergnügungspark mit seinen 400 000 Blumen in den Abendstunden, wenn er von 110 000 Lichtern (Neon ist verpönt!) erleuchtet wird. Das ist die große Stunde der Theater- und Konzerthallen. Der Tivoli ist mit 150 Konzerten im Jahr, bei denen häufig Solisten und Orchester von Weltrang mitwirken, aus dem Kulturleben der Stadt nicht wegzudenken. So mancher dänische Musiker hat seine Karriere bei der Band der Tivoli-Garde begonnen, die schon 1844, ein Jahr nach Eröffnung des Vergnügungsparks, gegründet worden ist. Die Garde besteht aus 110 Jungen im Alter zwischen neun und sechzehn Jahren, deren Uniformen denen der königlichen Wache nachempfunden sind. Samstags und sonntags paradiert die Garde zum Entzücken der Dänen, bei denen sie äußerst beliebt ist, um 20.30 Uhr durch den Vergnügungspark. Und dreimal in der Woche, mittwochs, freitags und samstags, wird eine Viertelstunde vor Mitternacht ein Feuerwerk abgebrannt. Wer sich auf unterhaltsame Weise über die Geschichte des Tivoli informieren möchte, wird im Tivoli-Museum (s. S. 47) bestens bedient. *Anfang Mai–Mitte Sept. tgl. 10–24 Uhr, Erwachsene 40, Kinder 20 dkr, Vesterbrogade 3, S und Regionalzug København H., Bus 1, 2, 6, 8, 10–14, 16, 27–30, 32–34, 40, 67–69, 250 S*

Zoo **(O)**
Unter den Zoos dieser Welt hat der von Kopenhagen wegen der vielen seltenen Exemplare unter den 2000 Tieren einen guten Namen. Ganz neu ist ein Tropenhaus. Vorsicht: Wer den Zoo mit Kindern besucht, wird kaum über den Kinderzoo mit allem, was sich anfassen, streicheln, knuddeln läßt, hinausgelangen. Vor allem die originelle Kaninchenstadt im Kinderzoo hat es den kleinen Besuchern angetan, die am liebsten für den Rest des Aufenthalts in Kopenhagen nur noch durch diese Stadt hoppeln möchten. *Nov.–März tgl. 9–16 Uhr, April und Mai Mo–Fr 9–17, Sa und So 9–18 Uhr, Juni–Aug. tgl. 9 bis 18 Uhr, Sept. und Okt. tgl. 9–17 Uhr, Erwachsene 55, Kinder 27 dkr, Roskildevej 32, Bus 5, 18, 27, 28, 39*

GEBÄUDE

Börse **(G 4)**
Mit seiner Turmspitze aus vier umeinandergedrehten Drachenschwänzen ist die Börse (Børsen) auf der Schloßinsel (Slotsholmen) eines der markantesten und bekanntesten Gebäude der Stadt. Christian IV. ließ es 1619–25 errichten. Heute hat in diesem Renaissancebau, der an einen Vorratsspeicher erinnert und tatsächlich als Warenlager diente, nicht mehr die Börse, sondern die Handelskammer ihren Sitz. *Børsgade, Bus 1, 2, 5, 6, 8–10, 28, 29, 31, 37, 43*

Kastell **(H 1)**
Einmal im Jahr, zum »Geburtstag« der Zitadelle, dreht sich die 1687 erbaute Mühle, die in der fünfeckigen von Frederik III. ab 1662 angelegten Festungsanlage merkwürdig deplaziert wirkt. Früher stand hier auch noch eine Bäckerei, die Schwarzbrot für die Soldaten backte. Die noch heute von Militäreinheiten und von der Heimwehr genutzten Kasernen stammen ebenso wie das weniger streng gestaltete, doppelstöckige Kommandantenhaus und die Kirche vom Anfang des 18. Jhs. An die Kirche stößt das Arresthaus, von wo aus die Gefangenen am Gottesdienst teilnehmen konnten, ohne das Gefängnis zu verlassen. Ein klitzekleines Museum des Königlichen Leibjägerkorps ist beim Spaziergang durch das Kastell mit seinen Kasernen und Kanonen, Wällen und Wassergräben und den die Zitadelle umgebenden Grünanlagen vielleicht eine willkommene Abwechslung.

Die Entstehung Seelands schildert der mächtige *Gefionbrunnen* im Churchillpark, 1908 von Anders Bundgaard geschaffen: Die Göttin Gefion, auf Geheiß Odins in Schweden unterwegs, um mehr Land zu beschaffen, verwandelte ihre vier von einem Riesen stammenden Söhne in Ochsen und pflügte in einer Nacht ein Areal von der Größe Seelands um. Dieses Land machte ihr Schwedens König Gylfe zum Geschenk, und ihre starken Söhne zogen es hinaus in die Ostsee: Seeland war geboren. **(H 2)** *Tgl. 6–22 Uhr, Churchill Parken/Langelinie, Bus 1, 6, 9*

Planetarium **(D 5)**
Wieder ein Rekord: Das Tycho Brahe Planetarium ist das größte Planetarium in ganz Europa. Benannt wurde es nach dem Astronom Tycho Brahe (1546–1601), der als bedeutendster beobach-

tender Astronom vor Erfindung des Fernrohrs gilt und 1572 im Sternbild Cassiopeia einen neuen Stern (Nova Cassiopeia) entdeckte. Didaktisch hervorragend konzipierte Ausstellungen informieren nicht nur über Astronomie, sondern auch über Raumfahrt. Die Kuppelfläche, auf die der Sternenhimmel projiziert wird, umfaßt 1000 Quadratmeter. Der 1989 eingeweihte Bau, ein Glanzstück der Gegenwartsarchitektur, spiegelt sich im Skt. Jørgens Sø, dem See, der zusammen mit dem Peblinge Sø und dem Sortedams Sø fast halbkreisförmig das alte Kopenhagen umarmt. Auf den See geht auch die Terrasse des zum Planetarium gehörenden Restaurants hinaus, das logischerweise den Namen Cassiopeia trägt. *Mo, Di, Do 9.45–21 Uhr, Mi und Fr–So 10.30–21 Uhr, Erwachsene 15 dkr, Kinder 5 dkr, Filmvorführungen Erwachsene 65–100 dkr, Kinder 48 dkr, Gammel Kongevej 10, S Vesterport, Regionalzug København H., Bus 1, 14*

Rathaus **(E 4)**

Die vergoldete Figur des Stadtgründers Absalon (1128 bis 1201) ziert die Fassade des 1905 eingeweihten Rathauses. Absalon ist im bischöflichen Ornat dargestellt, denn er wurde von Waldemar dem Großen als Dank für seine Vasallentreue zum Bischof gemacht. Außerdem schenkte ihm der König ein Fischerdörfchen mit dem schlichten Namen »Havn«; erst zehn Jahre später, 1167, ließ Absalon zu seiner Befestigung eine Burg bauen – Kopenhagen war gegründet. Die Rathausfigur stammt von dem Bildhauer Christian Gottlieb Vilhelm Bissen wie auch das Reiterdenkmal auf dem Højbro Platz (1901). Dieses zeigt nicht den Bischof und späteren Erzbischof, sondern den Heerführer Absalon auf einem sich bäumenden Pferd. Den Sockel des Denkmals schuf Martin Nyrop, der Architekt des Rathauses, bei dessen Entwurf er sich bis in die Details hinein von der italienischen Renaissance inspirieren ließ. Besonders beeindruckend ist die mehrstöckige Rathaushalle – eigentlich ein glasüberdachter Innenhof –, die als Ausstellungs- und Festhalle dient. Größte Attraktion im Rathaus ist die von dem Tüftler Jens Olsen (1872–1945) konstruierte Weltuhr, an der der Mechaniker 27 Jahre gewerkelt hat. Erst 1955 wurde sie aufgestellt. Die Uhr besitzt zwölf Werke und zeigt u.a. die Ortszeit und die echte Sonnenzeit an, Sonnenauf- und Untergang, den Gregorianischen Kalender und den Sternenhimmel. Der Turm des Rathauses ist fast 106 Meter hoch und damit der höchste im Land, für den Aufstieg über 300 Stufen wird man mit einer unvergeßlich schönen Aussicht belohnt. Der Rathausplatz ist der verkehrsreichste der Stadt, und wohl an keiner anderen Ecke Kopenhagens erstrahlt abends so viel Neonreklame wie hier.

In der Rathausfassade findet man noch ein Relief mit Trauben über einer Tür – dem Eingang zu einem einst geplanten Ratskeller, dessen Eröffnung der damalige Stadtrat verbieten ließ, weil er strikt gegen Alkoholgenuß war.

Der *Drachenbrunnen* mit dem eigenwillig geformten Brunnenbecken wurde 1904 auf dem Rathausplatz aufgestellt. Allerdings fehlte da noch – kaum vorstellbar

– der Stier, gegen den der Drache kämpft. Diese Bronzeplastik lieferte Joakim Skovgaade erst 19 Jahre später.

Zur dekorativen Ausstattung des Platzes gehören außerdem eine *Statue* des Dichters Hans Christian Andersen an dem nach ihm benannten Boulevard und zwei *Lurenbläser* in Bronze auf einer hohen Säule. Luren sind Sakralinstrumente aus der Bronzezeit. Lurenbläser treten auf Darstellungen übrigens immer zu zweit auf. In Dänemark hat man etwa 35 Luren im Moor gefunden, einige sind im Nationalmuseum zu bewundern. Auf ein paar Luren könnte man noch spielen, der Klang gleicht dem von Trompeten. *Rathausbesichtigung Mo–Fr 9.30–15 Uhr, Eintr. frei; Führung Mo–Fr 11 Uhr, Okt.–Mai auch 10 und 14 Uhr, Eintr. 20 dkr; Turmbesteigung Mo–Fr 12 Uhr, Juni bis Sept. auch 10–14 Uhr, Sa 12 Uhr, 10 dkr, Weltuhr Mo–Fr 10–16, Sa 10–13 Uhr, Erwachsene 10, Kinder 5 dkr, Rådhuspladsen, S und Regionalzug København H., Bus 1, 2, 6, 8, 14, 16, 19, 27–30, 32, 33, 46, 64, 68*

Runder Turm **(F 3)**

Zar Peter der Große soll angeblich bei seinem Besuch in Kopenhagen in einer vierspännigen Kutsche den Runden Turm *(Rundetårn)* hinaufgefahren sein. Möglich wär's schon: Der 1642 als Observatorium unter Christian IV. fertiggestellte Klotz enthält in seinem Innern keine Treppe, sondern einen 209 Meter langen und ausreichend breiten Wendelgang. Von der Aussichtsplattform des 36 Meter hohen Turms, der baulich mit der Trinitatiskirche zusammenhängt, hat man den allerschönsten Blick über das alte Kopenhagen! Hier oben kann man sich auch noch immer im Observatorium als Sterngucker betätigen.

Die *Trinitatiskirche,* als deren (glockenloser) Turm der Runde Turm gedacht war, macht ihrem Namen Dreifaltigkeitskirche alle Ehre. Nach 19jähriger Bauzeit 1656 eingeweiht, diente sie als Universitätskiche, als Universitätsbibliothek und wegen des Turms als Observatorium. Die Universitätsbibliothek mit äußerst wertvollen Handschriften lagerte im riesigen Dachboden der Kirche, wo sie beim Stadtbrand von 1728 größtenteils vernichtet wurde. Kirche, Turm, alte Universitätsgebäude und Studentenwohnheime bilden ein recht gemütliches Ensemble; wenn die Sonne scheint, bevölkern überwiegend junge Leute die Straßen. Den besten Blick auf den Runden Turm gewährt der romantische Hof des Studentenwohnheims Regensen (Eingang St. Kannikestræde). *Turm Juni–Aug. Mo–Sa 10–20, So 12–20 Uhr, sonst Mo–Sa 10–17, So 10–16 Uhr, Okt. bis März zusätzl. Di u. Mi 19 bis 22 Uhr (nur in dieser Zeit ist auch das Observatorium geöffnet), Erwachsene 15, Kinder 5 dkr, Købmagergade 52 A, S und Regionalzug Nørreport, Bus 5, 7 E, 14, 16, 31, 42, 43, 73 E, 184*

KIRCHEN

Christians Kirke **(G 5)**

★ An ein Theater fühlt sich erinnert, wer die 1759 eingeweihte Christanskirche in Christianshavn betritt: An den Wänden ziehen sich über drei Stockwerke Emporen entlang, die wie Theaterlogen aussehen. Verblüffend ist außerdem, daß Altar, Kanzel und Orgel übereinanderliegend in der Mitte einer Längsseite angebracht sind. Von außen gelangt man in die Krypta, die in der ganzen Länge der Kirche in 48, meist durch schmiedeeiserne Gitter abgetrennte Grabkapellen unterteilt ist. Unter dem Fußboden liegen ebenfalls Gräber, die letzten stammen aus den 60er Jahren dieses Jhs. *Tgl. 8–18 Uhr, Strandgade, Bus 2, 8, 9, 31, 37, 73 E*

Grundtvigs Kirke **(O)**

★ 19 Jahre lang, von 1921–40, verarbeiteten sechs Maurergesellen und ein Meister sechs Millionen gelber Ziegelsteine, bis die dem in Dänemark immer noch sehr populären Bischof Nikolaj Frederik Severin Grundtvig gewidmete Kirche fertig war. Grundtvig (1783–1872) war ein Allround-Talent: Er wirkte als Pfarrer und später als Bischof von Seeland, war Historiker, Übersetzer nordischer Sagen und Dichter. Von den 754 Kirchenliedern im dänischen Gesangbuch stammen 271 von ihm. Vor allem aber ist er der Gründer der dänischen Volkshochschule, die im Bildungswesen Dänemarks einen wesentlich höheren Stellenwert hat als Volkshochschulen in anderen Ländern.

Der Architekt der gewaltigen Kirche, die 1800 Gläubige faßt, hat das fertige Werk nie gesehen: Peder Vilhelm Jensen Klint, geboren 1853, starb 1930. Seine Urne ist in eine Wand der Kirchenvorhalle eingelassen. Kare Klint, sein Sohn, ebenfalls Architekt und (berühmter) Möbeldesigner, vollendete die Kirche nach dessen Entwürfen. Von Klint, dem Vater, stammt auch die Bebauung rings um die Kirche.

Die Westfassade mit Turm erinnert an eine Orgel, insgesamt stellt der Bau eine Synthese aus typisch dänischer Dorfkirche und gotischer Kathedrale dar. Das dreischiffige Innere, 35 Meter breit, 22 Meter hoch und 76 Meter lang, ist überraschend hell. Die Ausstattung wurde von Kare Klint und dessen Sohn Esbe entworfen. Dabei haben sie den Ziegelstein unverputzt gelassen und auf Farbe verzichtet. *Mitte Mai bis Mitte Sept. Mo–Sa 9–16.45, So 12 bis 16 Uhr, Mitte Sept.–Mitte Mai Mo–Sa 9–16, So 12–13 Uhr (außer bei Gottesdiensten), På Bjerget (Stadtviertel Bispebjerg), S Emdrup, Bus 10, 16, 19, 21, 23, 42, 43, 176*

Helligånds Kirke **(F 4)**

Geradezu idyllisch liegt die von einem Hof und schmiedeeisernem Gitter umgebene Heiliggeistkirche am Amagertorv mitten im Großstadtrummel, und sie wird mehr als manch andere Kirche in das Leben der Kopenhagener einbezogen. Hier finden häufig Konzerte statt, und in den Nebenräumen werden Basare und Kunstausstellungen veranstaltet. Der wahrscheinlich schon Anfang des 14. Jhs. errichtete und in der Mitte des 15. Jhs. erweiterte Vorgängerbau der Backsteinkirche, der zum Heiliggeistkloster gehörte, wurde beim Stadtbrand von 1728 stark in Mitleidenschaft gezogen, aber wiederaufgebaut. Das Portal aus Sandstein aus dem Jahre 1620 war eigentlich für die Börse entworfen worden. *Mo–Fr 12–16, So 10–12 Uhr, Amagertorv, Bus 27–29, 42, 43*

Holmens Kirke **(G 4)**
Karriere eines Gotteshauses: Ursprünglich war der 1562 errichtete, damals noch wesentlich kleinere Bau eine Ankerschmiede. Dann wurde er 1619 zur Marinekirche umgebaut. Heute ist er (auch) Kirche des dänischen Königshauses. So wurden in dem Renaissancebau 1967 Königin Margrethe II. und ihr aus Frankreich stammender Prinz Henrik getraut. *Mitte Mai–Mitte Sept. Mo–Fr. 9–14, Sa 9–12 Uhr, Mitte Sept.–Mitte Mai Mo–Sa 9–12 Uhr, Holmens Kanal, Bus 1, 2, 6, 8–10, 27–29, 31, 37, 42, 43*

Marmorkirken **(G 2)**
Norwegischer Marmor gab dieser Kirche, die offiziell Frederiks Kirke heißt (aber von niemandem so genannt wird), ihren Namen. Obwohl sie riesige Ausmaße hat – die Kuppel ist 46 Meter hoch und hat einen Durchmesser von 31 Metern –, ist sie nicht der Dom der Stadt, sondern eine ganz normale Pfarrkirche (und leidet wie die anderen auch unter dem Bevölkerungsschwund in Kopenhagen). Eigentlich sollte die Kirche nach den Plänen des damaligen Stararchitekten Nicolai Eigtved, der hier den ganzen Stadtteil Frederiksstaden einschließlich der vier Amalienborg-Palais konzipierte, noch viel größer ausfallen. Schließlich war der Anlaß zum Bau der Kirche das 300jährige Jubiläum der königlichen Familie. 1749 wurde der Grundstein gelegt, allein die Baugrube reichte 30 Meter tief. Kein Wunder, daß der Krone das Geld ausging. 1770 – Eigtved war schon 1754 gestorben und mußte diese Schande nicht mehr ertragen – wurde der Bau gestoppt. Die Ruine war über 100 Jahre lang eine Attraktion für alle Kopenhagen-Reisenden, bis ein Industrieller namens C. F. Tietgen die komplette Baustelle kaufte und die Kirche fertigstellen ließ, allerdings eine Nummer kleiner. *Mo bis Sa 11–14 Uhr (Sa Kuppelbesichtigung mögl., 5 dkr), Frederiksgade, Bus 1, 6, 9*

Nikolaj Kirke **(F–G 4)**
Man sieht der Nikolaikirche auf den ersten Blick nicht an, daß sie eine Rekonstruktion ist. Der Stadtbrand von 1795 ließ von der im 13. Jh. erbauten Kirche nur den Turm als Ruine stehen. Auf dem Gelände der Kirche siedelten sich nach und nach Marktbuden an, die erst 1917 dem Neubau weichen mußten. 1910 war schon der Kirchturm wiederhergestellt worden, der Brauereibesitzer Carl Jacobsen finanzierte dessen Spitze. Heute bietet die Kirche, in der auch ein Café-Restaurant betrieben wird, Raum für wechselnde Kunstausstellungen und Konzerte. *Nikolaj Plads, Bus 1, 2, 6, 8, 10, 28, 29, 41*

Petri Kirke **(E 3)**
Von Heimsuchungen verfolgt wurde die Skt. Petri Kirke. Deren Vorläuferbau, zum ersten Male 1304 erwähnt und wohl die älteste Kirche der Stadt, wurde bei einem frühen Stadtbrand im Jahre 1386 zerstört. Das Inventar des um 1450 errichteten Nachfolgebaus fraß die Feuersbrunst von 1728. Und bei der Beschießung der Stadt durch die Engländer 1807 wurde die Kirche noch einmal erheblich beschädigt. Doch das alles sieht man ihr nicht mehr an. Faszinierend sind vor allem

Schiff und Chor im gotischen Stil sowie ein Kranz von Grabkapellen aus dem 17. Jh. Seit 1585 gehört die Kirche der Deutschen Gemeinde in Kopenhagen, zuvor wurde sie 50 Jahre als Gießerei für Glocken und Kanonen zweckentfremdet. *Nur So nach den Gottesdiensten, Nørregade/Skt. Peders Stræde, Bus 5*

Vor Frelsers Kirke **(H 5)**
Außen und nicht innen liegt die Wendeltreppe, über die man auf die Turmspitze der Erlöserkirche gelangt. Das Kraxeln die 400 Stufen hoch auf den 90 Meter hohen Turm, der 1749–52 erbaut wurde und von einer Christusstatue auf goldener Kugel gekrönt wird, lohnt sich: Der Blick über Christianshavn auf ganz Kopenhagen ist atemberaubend. (Nach Abschluß der Renovierungsarbeiten kann der Turm ab April 1996 wieder bestiegen werden.) Vor lauter Begeisterung (oder aus Enttäuschung) sollte man nicht versäumen, die kostbare barocke Innenausstattung der noch vor dem Turm, nämlich 1682–96 erbauten Kirche zu bewundern – vor allem Altar (1732), Taufbecken, Kanzel (1773) und Orgel (1698). Ein liebliches Glockenspiel erklingt tägl. um 9, 12, 15, 18, 21 und 24 Uhr. *Mitte März–Mai, Sept. und Okt. Mo bis Sa 9–15.30 Uhr, So 12.30 bis 15.30 Uhr, Juni–Aug. Mo–Sa 9 bis 16.30, So 12.30–16.30 Uhr, Nov. bis Mitte März Mo–Sa 10–13.30, So 12–13.30 Uhr, Prinzessegade/Skt. Annæ Gade, Bus 2, 8, 9, 31, 37, 73 E*

Vor Frue Kirke **(E–F 3–4)**
Bemerkenswert schlicht präsentiert sich Kopenhagens Dom, die Liebfrauenkirche. Der klassizistische Bau wurde 1811–29 als Ersatz für den Dom aus der Barockzeit erbaut, der 1807 von den Kanonenkugeln der Engländer zerstört wurde. Der Barockdom war schon die sechste Kirche an diesem Platz, die allesamt durch Feuer vernichtet wurden, die damals letzte beim Brand von 1728. Der Bildhauer Bertel Thorvaldsen schuf nicht nur die Johannes-Gruppe für den Giebel der wie ein antiker Tempel gestalteten Fassade, sondern auch die Figuren von Christus und den zwölf Aposteln im Inneren der Kirche sowie das von einem knienden Engel getragene Taufbecken. *Mo–Sa 9–17, So 12 bis 16.30 Uhr, Mai und Juni nur (!) So 12–16.30 Uhr (außer bei Gottesdiensten), Nørregade, Frue Plads, Eingang: Dyrkøb, S und Regionalzug Nørreport, Bus 5*

PLÄTZE

Amagertorv **(F 4)**
Weil die Stadt kein Geld dafür hatte, haben die am Amagertorv liegenden Edelgeschäfte die von einem Kunstprofessor entworfene Neugestaltung des Platzes mit kostbaren, verschiedenfarbigen Bodenplatten finanziert. Straße und Platz Amagertorv um den (1894 aufgestellten) *Storchenbrunnen* bilden den belebtesten und auch vornehmsten Teil der quirligen Einkaufs- und Fußgängerzone Strøget. Hier wurde bis 1864 Obst und Gemüse von der mit Kopenhagen durch eine Brücke verbundenen Insel Amager (auf der heute der Flughafen liegt) verkauft. Es ist kaum mehr vorstellbar, daß der Brunnen einst Treffpunkt für Hippies und später Anlaufstelle

der unruhigen 68er Jugend war. Damals waren barfüßige Gitarrenspieler und bei gutem Wetter auch Nacktbadende an der Tagesordnung. Auch heute ist der Platz ein Jugendtreffpunkt, doch fühlen sich Anwohner und Besucher durch sie nicht mehr provoziert. Zum geglätteten Bild des Platzes von heute gehören die öffentlichen Toiletten unter ihm, die ohne Übertreibung luxuriös genannt werden können. Nicht weniger luxuriös sind die Geschäfte am Amagerplatz, die allesamt Tür an Tür in historischen Häusern untergebracht sind. Das schönste ist das Haus Nr. 6, 1660 im Stil der niederländischen Renaissance erbaut. *S Nørreport, Bus 27–29, 42, 43*

Axeltorv **(E 4)**

Es ist noch gar nicht so lange her, daß der Axeltorv seine heutige Gestalt erhielt und Fußgängerzone wurde, aber trotz eines künstlerisch gestalteten, großen Wasserbassins und der Plastiken ringsum zählt er nicht zu den schöneren Plätzen der Stadt. Hier stehen das bonbonfarbene Kino und Veranstaltungshaus »Palads«, der 1914 errichtete Zirkusbau, in dem früher die alte Zirkusdynastie Benneweis spielte und der heute ebenfalls als Veranstaltungsort dient, und das Einkaufs- und Vergnügungszentrum »Skala« mit großen und kleinen Geschäften, Kinos, Cafés und Restaurants. Am Axeltorv verabreden sich die Jugendlichen, wenn sie sich amusieren wollen. *S und Regionalzug København H., Bus 1, 2, 6, 8, 14, 16, 19, 27–30, 32–34, 46, 64, 68*

Gammeltorv und Nytorv **(E–F 4)**

Schon zu Absalons Zeiten, in der Mitte des 12. Jhs., diente der Alte Markt *(Gammeltorv)* dem Dorf

Blickfang und Treffpunkt auf dem Gammeltorv: der Caritasbrunnen

Havn, aus dem später einmal Kopenhagen werden sollte, als Handelsplatz. Den östlichen Rand des Gammeltorv ziert der im Jahre 1608 aufgestellte *Caritasbrunnen.* Immer wenn ein Mitglied der königlichen Familie Geburtstag hat, lassen die Fontänen des Brunnens vergoldete Äpfelchen tanzen (weshalb der Brunnen im Volksmund auch »Springbrunnen der goldenen Äpfel« genannt wird). Früher waren es viel mehr als heute; den Dieben ist offensichtlich die Achtung vor dem Königshaus abhanden gekommen, sie haben nur noch drei oder vier zurückgelassen. Die Brunnenfigur, eine Renaissancearbeit vom Feinsten, zeigt eine schöne, schwangere Frau mit einem Knaben auf dem Arm und einem zu ihren Füßen, der das Kopenhagener Gegenstück zur Figur des Brüsseler Manneken-Pis ist. Auch aus den prallen Brüsten der »Nächstenliebe« sprudelt Brunnenwasser.

Ebenfalls am östlichen Rand des Gammeltorv stand das erste der insgesamt fünf Rathäuser der Stadt; es wurde 1368 zerstört. Auf dem gegenüberliegenden Neuen Markt *(Nytorv)* standen das dritte und das vierte Rathaus; letzteres wurde 1475 erbaut und beim Stadtbrand von 1795 vernichtet. Und hier, wo heute im Gerichtsgebäude Recht gesprochen wird, befand sich einst der Galgen.

Neben dem Gericht lag ein Gefängnis, das angeblich Hans Christian Andersen zu seinem Märchen vom Feuerzeug inspiriert hat: Jedesmal, wenn der Dichter hier vorbeiging, sah er im Gefängnis einen armen Soldaten sitzen … *Bus 5*

Gråbrødretorv **(F 3)**

★ ⊛ ☨ Gemütliche Restaurants, Gartencafés und Weinkeller säumen den weiten Gråbrødretorv mit Kopfsteinpflaster und stattlichem Baum – samt Kunstplastik – in der Mitte. Gråbrødretorv bedeutet Markt oder Platz der Grauen Brüder und leitet sich von einem Anfang des 13. Jhs. hier erbauten Franziskanerkloster ab, das heute nicht mehr existiert. Die sorgfältig restaurierten, südländisch farbenfroh wirkenden Häuser des Platzes sind alle nach dem Stadtbrand von 1728 bzw. nach dem Bombardement der Engländer 1807 neu entstanden. Gäste der Restaurants »Peder Oxe« (Haus Nr. 11) und »Bøf & Ost« (Nr. 13) passieren auf dem Weg zur (gemeinsamen) Toilette romanische Kellergewölbe. Auf dem Gråbrødretorv, der im Sommer dichtbevölkert ist und auf dem Konzerte und Theatervorstellungen gegeben werden, trifft sich vor allem jüngeres Publikum. *S und Regionalzug Nørreport, Bus 5, 7 E, 14, 16, 27–29, 31, 42, 43, 73 E, 184*

Kongens Nytorv **(G 3)**

Pech hatten die Kopenhagener mit dem Reiterstandbild Christians V., das sie beim französischen Bildhauer Abraham-César Lamoureux in Auftrag gaben: Das 1687 in Blei gegossene Denkmal war instabil und mußte durch eine nackte Männerfigur – den »Neid«, andere sagen, es sei die »Eifersucht« – unter dem Pferdebauch gestützt werden. Aber auch das reichte nicht aus, in den folgenden 250 Jahren verzog sich das Pferd und vor allem dessen linkes Vorderbein ganz unmajestätisch zu einer Wurst, was ja wahrlich nicht zum Anblick Christians V. als reitender römischer Imperator paßte. Kurz: Das Standbild wurde in den 1940er Jahren neu gegossen, diesmal in Bronze. Das Original läßt sich im Zeughaus belächeln.

Als Christian V. König wurde, wurde Kongens Nytorv, des Königs neuer Platz, als zentraler Appellplatz für alle Verteidigungsanlagen konzipiert, aber auch, nach französischem Vorbild, als *place royal*, um die neue, absolutistische Macht des Königs zu repräsentieren. Noch heute hat Kongens Nytorv, obwohl vom kreisenden Verkehr arg gebeutelt, etwas Majestätisches an sich. Hier baute sich Graf Ulrik Frederik Gyldenløve, ein Halbbruder Christians V., von 1672–83 das *Schloß Charlottenborg* (Kongens Nytorv Nr. 1), seit 1754 Sitz der Kunstakademie und Ausstellungsgebäude, hier liegt (Nr. 4) das Palais des Grafen Thott, Ende des 17. Jhs. erbaut, heute Sitz der französischen Botschaft, hier (Nr. 13) erhebt sich das schloßähnliche Riesenkaufhaus Magasin du Nord, in seiner heutigen Form 1893–94 erbaut, und hier thront das Königliche Theater, 1872–74 unter Verwendung von Stilzitaten der Renaissance errichtet. Jedes Jahr im Juni geht es auf dem Kongens Nytorv ganz ausgelassen zu: Dann tanzen glückliche Abiturienten um das Reiterstandbild des ersten absoluten Herrschers der Dänen. *Bus 1, 6, 9, 10, 27–29, 31, 42, 43*

Kultorvet **(F 3)**

Die Hauptbibliothek Kopenhagens, ein phantasieloser Neubau, verschandelt den trotz einiger schöner, alter Gebäude ohnehin nicht gerade anheimelnden Platz. Wenn die Sonne scheint, kommt allerdings südländische Atmosphäre auf. Dann ist jeder Quadratmeter in den Cafés und Restaurants rund um den Platz und mittendrin mit Tischen und Stühlen ausgefüllt, und wer keinen Platz findet – oder kein Geld ausgeben, sondern Mitgebrachtes verzehren will –, setzt sich nach dänischer Sitte einfach auf den Boden. Kinder toben überall herum, Straßenmusiker bringen ein Ständchen, und aus den Kinderwagen mit den hohen Rädern ertönt Babygeschrei. *S und Regionalzug Nørreport, Bus 5*

SCHLÖSSER

Amalienborg **(H 2–3)**

Als König Frederik V. 1749 beim Hofbaumeister Nikolai Eigtved den Stadtteil Frederiksstaden in Auftrag gab – dazu gehörten u. a. die Marmorkirche, das Prinzenpalais, heute Teil des Nationalmuseums, und auch die Marmorbrücke über den Frederikskanal zwischen Schloß Christiansborg und dem Museum –, fehlte ihm das Geld, um auch noch, zur Krönung »seiner« Stadt, einen repräsentativen Platz gestalten zu lassen. Da hatte er eine Idee: Er schenkte vier Adligen den dafür vorgesehenen Grund und Boden und versprach ihnen auf Jahrzehnte Steuererlaß, unter der Bedingung, daß sie dort nach Eigtveds Plänen vier Palais bauen ließen. Da sagten die vier, die Grafen Levetzau und Moltke, der Baron Brockdorff und der Geheimrat Løvenskjold, nicht nein, und 1760 waren die Palais im Rokokostil fertiggestellt. Doch schon 1794 gingen sie in den Besitz des Königshauses über, weil Schloß Christiansborg abgebrannt und die königliche Familie somit obdachlos war. Seitdem ist das viergeteilte, rings um einen achteckigen Platz mit einem zwölf Meter hohen Reiterstandbild Frederiks V. in der Mitte gruppierte Schloß Amalienborg königliche Residenz. Margrethe II. bewohnt mit ihrem Mann das Palais Schack (früher Palais Løvenskjold), es ist vom Oslokai aus das erste links. Wenn die Königin anwesend ist, wird die dänische Flagge gehißt, und die Wachablösung mittags um zwölf findet dann im größeren Stil statt. Das Palais Brockdorff rechter Hand bewohnen Kronprinz Frederik und sein Bruder Prinz Joachim. Gegenüber liegt das Palais Moltke, das zu Repräsentationszwecken genutzt wird. Im Palais Levetzau, dem vierten im Bund, residiert Königinmutter Ingrid. Hier haben auch König Christian VIII. (1839–48) und Christian X. (1912–1947) gewohnt, deren kostbar, aber etwas überladen ausgestattete Privatgemächer besichtigt werden dürfen. Es entspricht dem Selbstverständnis des dänischen Königshauses, daß der Schloßplatz für den Straßenverkehr freigegeben ist. Für Busse und Lastwagen ist er zwar tabu, aber nicht für ganz normale Autos – nur anhalten dürfen sie hier aus Sicherheitsgründen nicht.

Zwischen Schloß Amalienborg und Oslokai ließ der dänische Großreeder A. P. Møller 1983 den Amaliengarten *(Amaliehaven)* anlegen und machte ihn dem Volk zum Geschenk. Womit er allerdings zunächst nur Undank

Kopenhagen auf einer Karte

Ob Tivoli oder Tuborg-Brauerei, Ny Carlsberg Glyptotek oder Nationalmuseum – mit der Copenhagen Card ist der Eintritt frei. Insgesamt kann man fast 100 Attraktionen besuchen, ohne eine Krone zu zahlen. Darüber hinaus ist die von Wonderful Copenhagen, dem Kopenhagener Fremdenverkehrsamt, herausgegebene Copenhagen Card ein Bus- und Bahn-Paß, mit dem alle Busse, S-Bahnen und Regionalzüge im Großraum Kopenhagen kostenlos benutzt werden dürfen. Mehrere Firmen – beispielsweise Autoverleiher und Stadtrundfahrt-Unternehmen – gewähren Inhabern der Copenhagen Card hohe Rabatte.
Die kleine Plastikkarte wird in allen DSB-Bahnhöfen im Großraum Kopenhagen, in Fremdenverkehrsbüros, in der Kopenhagener Touristeninformation und in vielen Hotels verkauft. Sie wird in drei Varianten ausgestellt: Die 24-Stunden-Karte kostet 140 dkr, die 48-Stunden-Karte 230 dkr und die 72-Stunden-Karte 295 dkr. Auf einer Erwachsenen-Karte können zwei Kinder unter fünf Jahren kostenlos mitgenommen werden. Für Kinder von fünf bis einschließlich elf Jahren gibt es die Copenhagen Card zum halben Preis. Bei jeder Variante wird ein 130 Seiten starkes Heftchen mitgeliefert, das über alle Attraktionen mit Öffnungszeiten und Verkehrsverbindungen informiert.

erntete: Weil er Künstler aus dem Ausland – einen Gartenarchitekten aus Belgien und einen Bildhauer aus Italien – und keinen Dänen mit der Gestaltung beauftragte, nörgelten die Kopenhagener an dem Garten in den ersten Jahren herum, statt ihn zu nutzen. Doch immerhin wurden hier Bodenplatten aus Bornholmer Granit verlegt, und inzwischen ist der kleine Park allgemein akzeptiert. Die hinausfahrenden Fähren wecken Fernweh, und man kann hier schön im Grünen auf die Wachablösung vor dem Schloß warten. *Schloß Amalienborg: Tgl. 11–16 Uhr (vom 24. Okt.–18. Dez. und Jan. bis April Mo geschl.), Erwachsene 35, Kinder 5 dkr, Bus 1, 6, 9*

Christiansborg **(F 4)**

Schloß Christiansborg, das dritte an dieser Stelle, steht auf historischem Boden: Beim Bau von 1907–28 wurden hier die Ruinen der mittelalterlichen Burg des Bischofs Absalon von 1167 und des Nachfolgebaus, des Schlosses Kopenhagen, freigelegt und restauriert. Sie können heute unter dem Schloß besichtigt werden. Als barocker Neubau der alten Burganlagen entstand von 1733 bis 45 die erste, üppig ausgestattete Christiansborg, die aber – noch nicht ganz fertiggestellt – schon 1794 abbrannte. Die zweite Christiansborg, Sitz des Reichstags, aber nicht Residenz – die königliche Familie war nach Amalienborg umgezogen –, wurde von 1803–28 erbaut und 1884 auch schon wieder durch Flammen vernichtet. Diesen Brand überstand nur die 1846 eingeweihte Schloßkirche mit der Ausschmückung von Bertel Thorvaldsen. Der heutige Bau, 1928 fertiggestellt, ist Sitz des 179köpfigen Parlaments (Folketing) sowie des Finanzministeriums (nicht des Außenministeriums, wie immer wieder zu lesen ist, das hat sich längst in Christianshavn etabliert), und hier liegen die königlichen Repräsentationsräume für öffentliche Empfänge. Die im historisierenden Stil gestalteten Räume dürfen – mit Filzpantoffeln, orange für die Frauen und grün für die Männer – im Rahmen von Führungen besucht werden. Der Rittersaal ist ganz eindrucksvoll, doch gibt es in Dänemark wirklich schönere, echtere und ältere Schlösser. *Führungen auf deutsch nur Juli und Aug. (in den anderen Monaten nur dänisch und englisch) Di–So 11, 13, 15 Uhr, Mo geschl., Erwachsene 28, Kinder 10 dkr; Ruinen unter der Christiansborg Mai–Sept. tgl. 9.30–15.30 Uhr, Okt.–April Mo und Sa geschl., Erwachsene 15, Kinder 5 dkr; Folketing, Führungen auf englisch (falls das Parlament in dieser Zeit nicht einberufen ist) Juni bis Mitte Aug. Mo–Fr und So 10, 11, 13, 14, 15 und 16 Uhr, Sa geschl., übrige Monate nur So 10, 11, 13, 14, 15 und 16 Uhr, Eintr. frei, Christiansborg Slotsplads, Bus 1, 2, 6, 8–10, 27–29, 31, 37, 42, 43*

Die Königlichen Stallungen – *Ridebane* genannt – haben das Inferno von 1794 überstanden und präsentieren sich heute noch im schönen Wiener Barock. Die Pferde sind also wirklich königlich untergebracht! Ihre Stallungen einschließlich der Sammlungen von Uniformen, Geschirr und Kutschen können ebenso besichtigt werden (Eingang 12) wie das Königliche Hoftheater aus dem Jahre 1766, das in seiner

Neugestaltung von 1842 originalgetreu erhalten geblieben ist. Es wird seit 1922 nicht mehr bespielt und ist Teil des Theatermuseums mit Kostümen, Bühnenbildern und -modellen sowie vielen Fotos. Auf dem Platz zwischen den beiden Reitbahn-Gebäuden kann man morgens zusehen, wie die Pferde des königlichen Marstalles zum Training geritten werden oder Wagen ziehen, und wenn man Glück hat, kann man (beim Eingang 6) einen Blick auf den heutigen Fuhrpark werfen, die Limousinen des Königshauses. *Königl. Ställe und Kutschenmuseum, Mai–Sept. Fr–So 14–16 Uhr, Okt.–April Sa und So 14–16 Uhr, Erwachsene 10, Kinder 5 dkr; Theatermuseum, Mi 14–16 Uhr und So 12–16 Uhr, Erwachsene 20, Kinder 5 dkr; Christiansborg Ridebane, Bus 1, 2, 5, 6, 8–10, 27–29, 31, 37, 42, 43, 73 E*

Rosenborg **(F 2)**

★ Ein Schloß wie aus dem Märchenbuch: In einem blühenden Park – Kongens Have oder Rosenborg Have genannt, der von den Kopenhagenern eifrig zu Spiel und Sonnenbad genutzt wird – erhebt sich das verspielte Renaissanceschloß Rosenborg, das Christian IV. sich hier 1606/07 bauen und schon 1613–17 erheblich erweitern ließ. Zwanzig Jahre später wurde der markante, achteckige Treppenturm angebaut. Das damals weit außerhalb der befestigten Stadt liegende Schloß diente bis Mitte des 18. Jhs. als Lustschloß, danach wurde es regelrecht vergessen und vom königlichen Haushalt als Abstellkammer benutzt. So blieben die wertvollen Silbermöbel erhalten, die man sonst, nachdem sie unmodern geworden waren, mit Sicherheit eingeschmolzen hätte! Dazu gehören Serviertische, die man mit Wasser füllen kann, damit das Essen warm bleibt, und Kaminhunde, die ebenfalls durch warmes Wasser als Wärmequelle dienten. Die meisten der Silbermöbel stehen im sehenswerten Rittersaal im ersten Stock. Zu den 24 z. T. original und anheimelnd ausgestatteten Räumen zählt auch das Schreibzimmer Christians IV., das wirkt, als sei der König mal eben in den Garten gegangen.

Seit 1833 werden die königlichen Sammlungen des Schlosses der Öffentlichkeit gezeigt. Und seit 1975 ist im Keller eine Schatzkammer eingerichtet, in der die Juwelen und Kronen des Königshauses aus vier Jahrhunderten ausgestellt sind, darunter die Krone Christians IV. (1588), die Reichsinsignien Frederiks III. (1648) und die kostbare Krone, die ab 1670 hundertsiebzig Jahre lang das Symbol der absoluten Monarchie war. *April und Mai, Sept.–22. Okt. tgl. 11–15 Uhr, Juni bis Aug. tgl. 10–16 Uhr, 24. Okt. bis 17. Dez. und Jan.–April Schloß Di, Fr und So 11–14 Uhr, Schatzkammer tgl. (außer Mo) 11–15 Uhr. Erwachsene 40, Kinder 5 dkr, S und Regionalzug Nørreport, Bus 5, 7 E, 10, 14, 16, 31, 42, 43, 73 E, 184*

STRASSEN

Nyhavn **(G-H 3)**

★ Einst gab es entlang des Stichkanals, den Christian V. 1673 vom Hafen zum Kongens Nytorv anlegen ließ, eine sündige Seite mit ungeraden und eine anständige mit geraden

Hausnummern. Doch inzwischen ist die unanständige Seite bürgerlich geworden, und die Matrosenkneipen sind bis auf ein paar touristisch herausgeputzte Ausnahmen verschwunden – und mit ihnen die Infrastruktur zwielichtiger Hafengegenden. Heute ist diese Seite Fußgängerzone, mit überwiegend teuren, z. T. typisch dänisch-gemütlichen Restaurants. Wenn es das Klima halbwegs zuläßt, sitzen die Gäste auf den Terrassen am Wasser, zum Service gehören dann Decken für die Beine. Jedermann genießt den Blick auf die Museumsschiffe, die hier ankern – in den Nyhavn dürfen nur noch Holzschiffe einlaufen –, und auf die »bürgerliche« Straßenseite. Dort hatte Hans Christian An-

Lustschloß, Abstellkammer, Museum – Schloß Rosenborg

dersen einmal im Haus Nr. 20 und einmal im Haus Nr. 60 eine Wohnung. Das älteste Haus ist Nummer 9, es stammt aus dem Jahre 1681 und vermittelt einen Eindruck von der Bebauung vor dem Brand 1728.

Pistolstræde **(G 3)**
Keine Straße, sondern ein Gäßchen ist die Pistolstræde, die, geformt wie eine Pistole, von der Østergade auf die Ny Østergade führt. Früher einmal sollten die Hinterhäuser abgerissen werden, statt dessen wurden dann Geschäfte und Restaurants entlang der idyllischen Gasse etabliert. An ihrem Ende kann man das Schaufenster eines alten Kolonialwarenladens voll mit Tüten, Päckchen und alten Emailleschildern betrachten, nachgebaut vom Stadtmuseum.

Strøget **(E-F 4/G 3)**
★ Der Name bedeutet »Strich«. Damit keine Mißverständnisse aufkommen: Der Strøget ist eine Einkaufsstraße, mit 1,8 Kilometer angeblich die längste Europas. Als Kopenhagen im Jahre 1967 Achthundertjähriges feierte, wurde hier jedenfalls der längste Frühstückstisch der Welt aufgebaut.

Eigentlich besteht der Strøget aus fünf Straßen, vom Rathausplatz Richtung Kongens Nytorv sind das: Frederiksberggade, Nygade, Vimmelskaftet, Amagertorv und Østergade. Während sich vor allem in der Frederiksberggade billige Touristen-Shops und -lokale breitmachen, nennen die Kopenhagener den Strøget-Teil zwischen Amagertor und Kongens Nytorv das »königliche Ende«.

VIERTEL

Bolten's **(G 2)**
Investoren haben vor ein paar Jahren das Hinterhofgewirr zwischen Gothersgade und Store Kongensgade, ein typisches Beispiel für die alte Bebauung dieser Gegend, saniert, mit der einst hier vorherrschenden Farbe Gelb versehen und mit schicken Cafés, Restaurants und Geschäften belebt. Daß Bolten's von Bewohnern und Besuchern Kopenhagens nie richtig angenommen wurde, zeigt der »Stumme Portier« im Durchgang des Hauses Baron Bolten's Gård, durch den man von der Gothersgade (Nr. 8) zu Bolten's gelangt. Er weist nur acht statt zwanzig Geschäftsnamen auf.

Christiania
800 bis 1000 Menschen, so schätzt man, leben im »Freistaat Christiania«, der 1971 durch Besetzung von ehemaligem Militärgelände und Wallanlagen in Christianshavn ins Leben gerufen wurde. Alljährlich betrachten 50 000 Kopenhagen-Besucher das alternative Wohngebiet aus der Nähe. Die Aussteiger wurden immer wieder befehdet, auch noch nachdem es ihnen gelungen war, Besitz, Verkauf und Konsum harter Drogen zu unterbinden. Doch schließlich wurde die selbstverwaltete Christiania-Gemeinschaft toleriert, und es wurden mit den Behörden Verträge geschlossen, die gegenseitige Rechte und Pflichten festschrieben. Seitdem zahlt die eine Seite Steuern und die andere liefert Strom und Wasser. Noch immer fließen Gewinne der »Freistaat«-Bewohner, z. B. aus Kneipen oder

Kulturveranstaltungen, in eigene soziale und kulturelle Projekte.

Christianshavn
★ Ein Hauch von Amsterdam weht durch den Stadtteil Christianshavn, den König Christian IV. ab 1618 auf der Insel Amager anlegen ließ: Ihn durchziehen Kanäle, und alle Straßen sind rechtwinkelig zueinander angelegt. Christianshavn wurde nie von Feuersbrünsten heimgesucht, deshalb sind hier viele Häuser aus der Zeit der Gründung erhalten – einige inzwischen ein wenig heruntergekommen, viele farbig bemalt, und die am Kanal haben meist ein Boot vor der Haustür.

Frederiksberg (O)
Kein Stadtteil von Kopenhagen, sondern eine eigene Kommune mit rund 85 000 Einwohnern ist Frederiksberg, worauf die Bewohner sehr stolz sind – nicht zuletzt, weil ihre Gemeinde reicher ist als das verarmte Kopenhagen. Ein überdimensioniertes Rathaus (1949–53) und das Kongreß- und Ausstellungszentrum Falkoner Center scheinen Ausdruck eines gewissen Überlegenheitsgefühls zu sein.

Am Wochenende kommen die Kopenhagener zum Lustwandeln in den Park des Schlosses Frederiksberg, den ★ ◎ *Frederiksberg Have.* Das um 1700 errichtete Lustschloß beherbergt eine Militärakademie und kann nicht besichtigt werden. Das Giebelfeld des kleinen Apis-Tempels im Schloßpark, 1802–04 vom dänischen Maler Nicolai Abildgaard entworfen, ziert ein Stier; der Bau ist einem römischen Tempel nachempfunden, der dem altägyptischen Stiergott Apis gewidmet war. Früher konnte der Tempel als Eingang zum benachbarten Zoo genutzt werden. Auf einer der Inseln in dem romantisch angelegten Kanalsystem, das den Park durchzieht, steht ein chinesisches Teehaus; es galt an europäischen Höfen des 18. Jhs. als schick, sich mit chinesischer Kultur zu befassen. Heute finden es junge Kopenhagener schick, sich unter einem der Bäume des Parks das Jawort zu geben. Die Hochzeitparty beginnt dann mit einer Kahnpartie und wird in einem der *Små Haver* (Kleinen Gärten) fortgesetzt, die am Rande des Schloßgartens an der Pile Allé liegen. In den drei einander sehr ähnlichen Familien-Biergärten, die sich in den letzten hundert Jahren kaum verändert haben und nur im Sommer geöffnet sind, trifft man wenig Touristen, dafür aber um so mehr Kopenhagener, die hier zünftig feiern – am Wochenende mit Musik. *Eintritt frei, Roskildevej/ Pile Allé, Bus 6, 18, 27, 28, 39*

Latinerkvarteret (E–F 3–4)
Studenten wohnen kaum noch in diesem alten Universitätsviertel, das selbst in seiner Blütezeit in keiner Weise an das Quartier Latin in Paris erinnerte. Es liegt zwischen Vestervoldgade (und zwar dem Teil zwischen Jarmers Plads und Rådhuspladsen) und der Fiolstræde mit dem Frue Plads als Zentrum. Hier liegen alte Universitätsgebäude und noch besonders viele Buchhandlungen; die meisten Uni-Institute sind nach Amager verpflanzt worden. Durch zahlreiche Billigläden, Pizzerien, Schnellrestaurants und eine bunte Café- und Clubszene

hebt sich dieses Viertel deutlich von anderen Gegenden Kopenhagens ab.

Nyboder **(G 2)**
Um die Seeleute davon abzuhalten, aus Wohnraummangel auf fremden Schiffen anzuheuern, ließ Christian IV. für 600 von ihnen im Jahr 1631 vor den Toren der Stadt die Sozialsiedlung Nyboder bauen. Die Siedlung liegt zwischen der Marmorkirche und dem Park des Kastells. In der St. Pauls Gade haben sich ein paar der alten Häuser in die Gegenwart gerettet.

Vesterbro **(D 5)**
Mit Rotlichtviertel ist der Bereich des Stadtteils Vesterbro nur unzureichend beschrieben, der sich vom Bahnhof zwischen Vesterbrogade und der Bahntrasse Istedgade als Schlagader Richtung Westen zieht. In diesem Teil des früheren Arbeiterviertels, z. T. schon entkernt und hinterhofsaniert, findet man neben Sexshops auch noch viele kleine, preiswerte Läden und ebenso viele ausländische Restaurants. Nur wenig bekommen Touristen normalerweise von den vielfältigen sozialen und kulturellen Lebensformen mit, die sich in diesem bunten Viertel entwickelt haben.

WAHRZEICHEN

Kleine Meerjungfrau **(H 1)**
Nur wenige Urlauber, die tagtäglich über die Uferpromenade Langelinie zur Kleinen Meerjungfrau *(Den lille Havfrue)* pilgern, kennen Hans Christian Andersens herzergreifendes Märchen von der vergeblichen Liebe

Wohl jeder Kopenhagen-Gast besucht die Kleine Meerjungfrau

der 15jährigen Meermaid zu einem jungen Menschenprinzen. Die 1913 vom dänischen Bildhauer Edvard Eriksen geschaffene, vom Kunstmäzen Carl Jacobsen (Carlsberg Brauerei) in Auftrag gegebene Bronzefigur sitzt – überraschend klein – auf einem Findling ein paar Schritte vom Ufer entfernt im seichten Wasser. Daß sie weder einen richtigen Fischschwanz noch richtige Beine besitzt, ist eine Anspielung auf das Märchen: Die Meerjungfrau opferte ihre liebliche Stimme, um dafür an Stelle ihres Fischschwanzes zwei Menschenbeine zu erhalten. Der künstlerisch nicht bedeutenden, aber anrührenden Figur wurde 1964 von Unbekannten der Kopf abgetrennt. Er ist nach der Originalform nachgegossen worden. *Langelinie Bus 1, 6, 9*

NY-CARLSBERG
GLYPTOTEK
7

Zwei Stunden im Museum

Kopenhagen hat nur wenige Museen von internationalem Rang, aber die sollte man gesehen haben

Sechzig Museen und mehr gibt es in Kopenhagen und Umgebung. Jedes Jahr kommen neue hinzu. Sie werden alle eingerichtet, wie die Dänen es am liebsten mögen: an den Besuchern orientiert, mit viel Geschmack und irgendwie *hyggelig*, gemütlich. Selbst wenn sie im internationalen Vergleich bis auf wenige Ausnahmen nur zweitklassige Rangplätze einnehmen, ist jedes von ihnen geeignet, über ein paar verregnete Stunden hinwegzuhelfen. Beispielsweise »Believe it or Not«, in dem wahre?, erfundene? Kuriositäten aus aller Welt zusammengetragen wurden, das neue »Guinness-World-of-Records-Museum« sowie die »Neue Welt der Holographie« und »Louis Tussauds Wachsfigurenkabinett« (hier fällt lediglich die Schrekkenskammer aus dem Rahmen). Wenn man da jedoch nicht hingeht, hat man nicht allzuviel verpaßt. Museen von internationaler Bedeutung sind rar in Kopenhagen. Das Nationalmuseum gehört dazu, die Ny Carlsberg Glyptotek, die Nationalgalerie und – hier wird ein Pflichtbesuch angeraten – das Museum für Moderne Kunst Louisiana in Humlebæk nördlich von Kopenhagen. Dazwischen liegt das breite Mittelfeld, Museen, in denen man auf jeden Fall mal gewesen sein sollte – wenn nicht bei dieser Kopenhagen-Reise, dann bei der nächsten. Zum Museumsbesuch kann man sich spontan entscheiden, denn Warteschlangen gibt es so gut wie nie – dafür ist Dänemark einfach ein zu kleines Land.

Die Ny Carlsberg Glyptotek

Wie in vielen anderen Städten sind die meisten Museen am Montag geschlossen, was seit Jahren Bewohner und Besucher Kopenhagens verärgert. Die Eintrittspreise liegen meist auf mittlerem Niveau, und mit der Copenhagen Card ist der Eintritt fast überall frei. Angenehm fällt auf, daß nahezu jedes Museum mit dem Behinderten-Symbol gekennzeichnet wird, also für Rollstuhlfahrer geeignet ist, die große Ny Carlsberg Glyptotek und die renommierte Hirschsprungsche Sammlung gehören zu den seltenen Ausnahmen. Kinder sind in den meisten Museen gerngesehene Gäste. Eigene Kinderwagen müssen meist ge-

MARCO POLO TIPS FÜR MUSEEN

1 Experimentarium
Den Naturgesetzen in spielerischen Experimenten auf der Spur (Seite 38)

2 Frihedsmuseet
Widerstandsmuseum ohne Vorbild und Nachahmer (Seite 39)

3 Karen Blixen Museet
Zu Hause bei Dänemarks großer Dichterin (Seite 40)

4 Louisiana
Kunst, Architektur und Landschaft zeigen sich in vollendeter Harmonie (Seite 42)

5 Nationalmuseet
Drei Museen in einem – und noch eines nur für Kinder (Seite 43)

6 Ny Carlsberg Glyptotek
Von der Antike bis zum »Goldenen Zeitalter«: in jeder Abteilung Weltniveau (Seite 44)

7 Statens Museum for Kunst
Die Dänische Nationalgalerie ist mit alten und neuen Meistern gut bestückt (Seite 46)

8 Tivoli Museet
Auf Knopfdruck werden 150 Jahre Tivoli lebendig (Seite 47)

gen einen museumseigenen Buggy eingetauscht werden. Plärren, Lachen und Herumtollen scheinen niemanden zu stören. Im Nationalmuseum ist sogar ein eigenes Museum für Kinder eingerichtet worden.

Experimentarium (O)

★ In einer stillgelegten Halle der Tuborg-Brauerei läßt sich auf 4000 Quadratmetern eine naturwissenschaftliche Ausstellung zum Anfassen entdecken. Auf 16 sogenannten Themeninseln – »Blickpunkt Licht«, »Atome und Strahlung« oder »Der Körper im Test« – können Besucher über 250 Experimente selbst ausführen. So kann man beispielsweise über den Wettercomputer direkte Verbindung zu einem Satelliten aufnehmen, sich einem Lügendetektor anvertrauen oder der Liebsten über 50 Meter einen geflüsterten Gruß mit Hilfe eines Parabolspiegels schicken. Das Experimentarium kommt dem Spieltrieb von jung und alt entgegen. Um das Angebot nutzen zu können, sollten Besucher mindestens neun Jahre alt sein. Aber auch an die Kleineren wurde gedacht: Sie können in einer Wasser-Spielecke Pumpen, Schleusen und Schiffe betätigen. Die Beschriftung ist in Dänisch, Schwedisch und Englisch vorgenommen, sehr freundliches Personal hilft allen weiter, die etwas nicht verstehen. Im Spielzeug- und Buchladen »Caleidoskop« werden spannende Spiele verkauft. *Mo, Mi und Fr 9–18, Di und Do 9–21, Sa und So 11–18 Uhr, Erwachsene 62, Kinder 44 dkr, Tuborg Havnevej 7, Hellerup, S Svanemøllen, Bus 6, 21, 23*

Frederiksborg **(O)**
Das Museumsschloß Frederiksborg lohnt den Ausflug zum 35 km entfernten nordwestlich von Kopenhagen gelegenen Hillerød. Das imposante Renaissanceschloß erhebt sich malerisch auf einer Insel über den Schloßsee. Christian IV. ließ von 1602–1620 diese prunkvolle Anlage bauen. Das Vorgängerschloß seines Vaters wurde dafür kurzerhand abgerissen. Besonders sehenswert sind der Audienzsaal und der äußerst prächtige Rittersaal. Im selben Trakt des Schlosses liegt auch die Kirche, in der ab 1671 die dänischen Könige gekrönt und gesalbt wurden. Sie wird von einem sehr schönen Silberaltar und einer kleinen Orgel aus dem Jahre 1610 von Esaias Compenius geschmückt. Der letzte König, der hier die Insignien seiner Macht empfing, war 1840 Christian VIII. Zu diesem Zeitpunkt wurde Frederiksborg aber kaum noch von den dänischen Königen als Residenz bewohnt wie noch von Christian IV., seinem Sohn Frederik III. und seinem Enkel Christian V. Nachdem Frederik IV. um 1720 nicht weit entfernt Schloß Fredensborg hatte bauen lassen, diente dieses Schloß als bevorzugte Residenz. Sie ist noch heute die Frühjahrs- und Herbstresidenz des dänischen Königshauses. Nur Frederik VII. hegte wieder eine Vorliebe für Frederiksborg und machte das weitläufige Schloß zu seinem Domizil. Er hielt sich auch dort auf, als im Dezember 1859 ein Feuer ausbrach, durch das der größte Teil des Schlosses mit Ausnahme der Krönungskirche und des separat liegenden Audienzhauses zerstört wurde. Es war wieder einmal der Gründer der Carlsberg-Brauerei, J. C. Jacobsen, der den Wiederaufbau des Schlosses in die Wege leitete, das nach seinem Willen nicht mehr Residenz, sondern Museum sein sollte. Deshalb trägt Schloß Frederiksborg auch den Titel Nationalhistorisches Museum. Es zeigt Malereien, Möbel und Kunsthandwerk der letzten 500 Jahre. *Nov.–März tgl. 11–15 Uhr, April und Okt. tgl. 10–16 Uhr, Mai–Sept. tgl. 10–17 Uhr, Erwachsene 30, Kinder 5 dkr, Hillerød, S Hillerød und Bus 701, 703*

Frihedsmuseet **(H 1-2)**
★ Das Museum des dänischen Freiheitskampfes 1940–1945 ist einzigartig in der Welt, denn kein anderes schildert den Widerstand eines Volkes gegen ein Besatzungsregime in dieser Ausführlichkeit – und in dieser Dramatik! Das ursprünglich als einmalige Ausstellung zusammengetragene Material dokumentiert Sabotageakte dänischer Widerständler, den aus Großbritannien stammenden Nachschub und die Arbeit der Untergrundpresse. Außerdem veranschaulicht es die dramatische Rettung dänischer Juden, die versteckt gehalten und dann nach Schweden ausgeschleust wurden. *Mitte Sept. bis April Di–Sa 11–15, So 11–16 Uhr, Mai–Mitte Sept. Di–Sa 10–16, So 10–17 Uhr, Eintr. frei, Churchillparken, S Østerport, Bus 1, 6, 9*

Gammel Dok **(H 4)**
Kein eigentliches Museum, sondern ein Ausstellungsgebäude ist dieses restaurierte Speicherhaus aus dem 18. Jh., das direkt am Hafenkai in Christianhavn steht. Gammel Dok zeigt in seiner ein-

zigartigen Atmosphäre nicht nur parallel laufende Wechselausstellungen über dänische Architektur und Baukunst – diesem Bereich ist es gewidmet –, sondern auch Sonderausstellungen von Design und Kunstindustrie in Dänemark. *Di und Do–So 10–17, Mi 10–20 Uhr, Erwachsene 20 dkr, Kinder frei, Strandgade 27 B, Bus 2, 8, 9, 31, 37, 73 E*

Den Hirschsprungske Samling (F 1)

Wenn auch die Skagen-Maler zu einigem Renommee gekommen sind, wird doch die dänische Kunst des 19. und auch des 20. Jhs. unterschätzt – bis man die Hirschsprung-Sammlung begutachtet hat. Sie wurde von einem Tabakfabrikanten namens Heinrich Hirschsprung (1836–1908) und seiner Frau Pauline in 40jähriger Kleinarbeit zusammengetragen. Mitsamt dem für die Sammlung geschaffenen kleinen Museum, das in einer schönen Parkanlage liegt, vermachte Hirschsprung die Kunstwerke dem dänischen Staat, der sie schon 1911 dem Publikum zugänglich machte. Das sogenannte Goldene Zeitalter in der dänischen Kunst (etwa 1815–50) ist durch Werke der Maler Christoffer Wilhelm Eckersberg, Christen Købke und Johan Thomas Lundbye repräsentiert. Unter den Skagen-Malern sind Anna und Michael Ancher, Peter Severin Krøyer und Christian Krohg vertreten, und auch die Werke bedeutender Maler wie Vilhelm Hammershøj und Kristian Zahrtmann sind ausgestellt. Die dichte Hängung neben und übereinander und die Ausstattung der Räume mit zeitgenössischen Möbeln, von denen manches Stück von den Künstlern selbst entworfen worden ist, schaffen in dem kleinen Museum eine intime Atmosphäre, als wäre man bei dem einen oder anderen Künstler zu Hause zu Besuch. *Mo und Do–So 10–17, Mi 10–22 Uhr, Di geschl., Erwachsene 20 dkr, Kinder frei, Stockholmsgade 20, S Østerport, Bus 10, 14, 40, 42, 43, 184*

Karen Blixen Museet (O)

★ Eines verrät das zauberhafte Museum nicht: Warum sich Karen Blixen in Deutschland den Vornamen Tania gab, während sie weltweit unter Karen berühmt wurde. Das kleine Museum, das den kurzen Ausflug, etwa 25 km nördlich nach Rungsted, unbedingt lohnt, ist auf dem Anwesen Rungstedlund, dem Elternhaus der Schriftstellerin untergebracht. Hierhin kehrte Ka-

Die Marco Polo Bitte

Marco Polo war der erste Weltreisende. Er reiste in friedlicher Absicht, verband Ost und West. Er wollte die Welt entdecken, fremde Kulturen kennenlernen, nicht zerstören. Könnte er für uns Reisende des 20. Jahrhunderts nicht Vorbild sein? Aufgeschlossen und friedlich sollte unsere Haltung in anderen Ländern sein. Dazu gehören auch Respekt vor Mensch und Tier und die Bewahrung der Umwelt.

WWF

ren Blixen (1885–1962) nach ihrem Aufenthalt in Kenia 1931 zurück und blieb bis zu ihrem Lebensende. Die meisten ihrer berühmten Bücher schrieb sie hier auf der kleinen Corona-Schreibmaschine, von der sie sich nie trennen mochte. Sie ist in dem kleinen Museum ebenso ausgestellt wie ihr letzter Füllfederhalter, Fotos aus ihrem Leben und viele, viele Bücher. Eine Diaschau von 80 Schwarzweißdias (in Dänisch und Englisch) vermittelt ein wahrheitsgetreueres und plastischeres Bild von Karen Blixens Zeit in Afrika von 1914–31 als der Kinofilm »Out of Africa«. Nach der Besichtigung der Ausstellungsräume, die in einem ehemaligen Magazingebäude von Rungstedlund eingerichtet wurden, werden die Besucher in kleinen Gruppen in die Privatwohnung der Schriftstellerin eingelassen; während die nächste Gruppe draußen wartet, kann man 20 Minuten ungestört (wer mag, kann sich eine Tonbandführung in Deutsch ausleihen) die anheimelnden Räume besichtigen, die noch heute so aussehen wie zu Karen Blixens Lebzeiten. Man kann sich gut vorstellen, daß Karen Blixen gleich in den Raum tritt, um die Gäste persönlich zu begrüßen. Nichts wurde verändert. Selbst die frischen Wiesenblumenbouquets werden heute noch so gesteckt, wie sie es liebte, und die Enden der Stores, die sie von der Farm in Kenia zurück in die viel niedrigeren Räume von Rungstedlund brachte, liegen unverändert in vielen Falten auf dem Boden drapiert. In einer Ecke steht das Grammophon, das ihr Geliebter Denys Finch Hatton ihr schenkte, ehe er in den Bergen mit dem Flugzeug abstürzte.

Zu Rungstedlund gehört ein 16 Hektar großer Park, der als *Vogelschutzgebiet* bewahrt wird. Jedermann darf ihn betreten, und die Dänen nutzen ihn eifrig zum Picknick. Hier liegt Karen Blixen unter einer großen Buche begraben. *Mitte Mai–Sept. tgl. 10 bis 17 Uhr, Okt.–April Mi–Fr 13–16, Sa und So 11–16 Uhr, Erwachsene 30 dkr, Kinder frei, Rungsted Strandvej 111, Rungsted Kyst, Regionalbahn Rungsted Kyst, Bus 1, 2, 6, 8, 14, 16, 19, 27–30, 32, 33, 46, 64, 68*

Københavns Bymuseet **(C 5)**
Ein Keramikmodell des mittelalterlichen Kopenhagen ziert im Sommer den Vorgarten des Kopenhagener Stadtmuseums, das jeder besuchen sollte, der sich eingehender mit der Geschichte und dem Leben in der Stadt beschäftigen möchte. Der Bau gibt der Sammlung einen würdigen Rahmen: Er stammt vom Ende des 18. Jhs. und beherbergte früher die Königliche Schießbahn der örtlichen Schützengesellschaft. Die schönsten Ausstellungsstücke stehen außerhalb des Museums in der benachbarten Absalonsgade – Bänke und Straßenlaternen, ein Feuermelder, ein Kiosk, alles aus der Zeit von 1860 bis 1935. Gut beschriftet dokumentieren sie die Entwicklung vom späten Klassizismus über Historismus und Art nouveau zum Funktionalismus. Die Straße selbst ist mit Kopfsteinpflaster und Abwasserrinnen so gestaltet worden, wie die Straßen der Stadt vor hundert Jahren ausgesehen haben. *Mai–Sept. Di bis So 10–16 Uhr, Okt.–April Di–So*

13–16 Uhr, Eintr. frei, Vesterbrogade 59, Bus 6, 16, 27, 28

Kunstindustrimuseet (H 2)
Im früheren Frederiks-Hospital (1752–1757) sind die Sammlungen chinesischen, japanischen und europäischen Kunsthandwerks vom Mittelalter bis heute untergebracht. Besonders sehenswert ist eine Ausstellung über industrielles Design. *Tgl. außer Mo 13–16 Uhr, Erwachsene je nach Ausstellung 20–30 dkr, Kinder frei, Bredgade 68, Bus 1, 6, 9, 29*

Louisiana (O)
★ So sind Alberto Giacomettis spindeldürre Skulpturen wohl noch nie präsentiert worden: Da eine Wand des schlichten, eigens für sie konzipierten Ausstellungsraumes aus Glas besteht und somit den Blick auf den Park des Museums freigibt, bilden Bäume und Plastiken einen bemerkenswerten Kontrast. Und auch Alexander Calders gigantische Mobiles begreift man neu, wenn man sie vor dem Hintergrund des Øresund und der schwedischen Küste erfaßt. Solche Blicke sind Prinzip im Museum für Moderne Kunst Louisiana, in dem Kunst, Architektur und Landschaft zu einer Einheit verschmelzen. Louisiana liegt 30 km nördlich von Kopenhagen in Humlebæk. Der Initiator und Gründer Knud W. Jensen ist heute noch Direktor. An ein altes Herrenhaus angrenzend, wurden zwischen 1958 und 1991 moderne Museumsbauten errichtet, wobei das Geländegefälle und die Parklandschaft geschickt einbezogen wurden. In wohltuend lockerer Atmosphäre präsentiert Dänemarks meistbesuchtes Museum eine schier unerschöpflich scheinende Sammlung der Gegenwartskunst. Sie setzt nach dem Zweiten Weltkrieg ein und umfaßt Werke u. a. von Vasarély, Dewasne, Albers, Bill. Internationale Kunstströmungen der 60er, 70er und 80er Jahre sind u. a. durch Tinguely, César und Klein vertreten. Warhol, Dine, Rauschenberg, Lichtenstein und Oldenburg repräsentieren die Pop-art, Beuys ist ebenso präsent wie Baselitz, Kienholz und Kiefer – wie gesagt, die Sammlung ist unerschöpflich. Beachtlich ist auch die Graphische Sammlung des Museums, die in einem neuen Flügel untergebracht ist. Zudem arrangiert Louisiana acht bis zehn Sonderausstellungen pro Jahr, von denen jede einzelne allein die Reise lohnt. Drei Stationen seien zum Verweilen empfohlen: der schon erwähnte Giacometti-Saal mit seinem großen Fenster, der nur von Kunstlicht erhellte Raum im Südflügel, in dem eine motorgetriebene (anstellen!) Plastik von Tinguely vor einem Mammutwerk Roy Lichtensteins wackelt, und die verwunschene Ecke des weitläufigen Parks, in der Plastiken von Hans Arp und Henry Moore wie aus der Natur gewachsen erscheinen. Wem nach so vielen Eindrücken Kopf und Sinne schwirren, der kann sich in der Museumscafeteria entspannen, bei schönem Wetter sogar auf deren Terrasse die Symbiose von Architektur und Landschaft genießen. *Mo, Di, Do und Fr 10–17, Mi 10–22, Sa und So 10 bis 18 Uhr, Erwachsene 45–60 dkr, Kinder frei, Gammel Strandvej 13, Humlebæk, Regionalbahn Humlebæk und Bus 388 (oder zehn Minuten Fußweg)*

Louisiana verspricht überraschende Aus- und Einblicke

Nationalmuseet **(F 4–5)**

★ Tage könnte man im Nationalmuseum verbringen. Hinter dem Namen verbirgt sich nicht nur Dänemarks wichtigstes Museum für Kulturgeschichte, sondern auch eine beachtliche Völkerkundliche und Antikensammlung. Kern des riesigen Museums ist das historische Prinzenpalais aus dem Jahre 1684, doch mittlerweile nehmen die Erweiterungsbauten des 1807 eröffneten Museums ein ganzes Karree ein. Der letzte Neubau, in dessen Zuge die Sammlungen neu konzipiert, neu gestaltet und didaktisch hervorragend aufbereitet wurden, ist 1992 entstanden.

Die Kulturhistorische Sammlung, die das Leben Dänemarks von der Steinzeit bis heute nachvollzieht, ist in drei Bereiche gegliedert. Die Abteilung für Vor- und Frühgeschichte (1300 v. Chr. bis 1000 n. Chr.) präsentiert Funde aus der Steinzeit, der Bronze- und Eisenzeit und aus der Zeit der Wikinger. Hier sind auch die berühmten Helme mit Hörnern zu finden, die meist den Wikingern zugeschrieben werden, obwohl sie aus der Bronzezeit stammen. Nachgemachter Wikingerschmuck wird im ansprechenden Museumsshop verkauft. Dänemark im Mittelalter und in der Renaissance (1000 bis 1600) stellt die zweite Abteilung in folgenden Bereichen vor: die Kirche im frühen Mittelalter, Skandinavier auf Grönland, die

Gesellschaft und das tägliche Leben, Altäre und kirchliches Silber der Renaissance. In Spezialsammlungen und vor allem schönen Interieurs wird die Zeit von 1660 bis 1830 präsentiert. Bedeutend ist die Ethnographische Sammlung des Museums, die sich in folgende Bereiche gliedert: Außereuropäische Völker und Kulturen, die Mongolen, die Völker der Erde, Ethnographische Schatzkammern. Die Königliche Münzen- und Medaillensammlung zeigt vor allem griechische und römische Münzen der Antike und Münzen des Mittelalters und der neueren Zeit. Die Antikensammlung beinhaltet Altertumsfunde aus Griechenland, Italien und dem Nahen Osten. Vielleicht schönstes Ausstellungsstück des ganzen Nationalmuseums ist der Sonnenwagen aus Trundholm (um 1000 v. Chr.).

So geschickt die Sammlungen didaktisch (mit Erklärungen in Dänisch und Englisch) aufbereitet sind, so wenig werden doch Kinder ohne gezielte pädagogische Betreuung damit etwas anfangen können. Deshalb hat das Nationalmuseum ein Kindermuseum eingerichtet, in dem alle Gegenstände, meist Nachbildungen, angefaßt und benutzt werden dürfen. Die kleinen Besucher können sich verkleiden, in einer dänischen Schulklasse der Jahrhundertwende Geschichtsunterricht miterleben oder sich per Zeitmaschine an einen Handelsplatz der Wikinger oder in eine dänische Burg des Mittelalters versetzen lassen. *Di–So 10 bis 17 Uhr, Erwachsene 30 dkr, Kinder frei, Nyvestergade 10, Bus 1, 2, 5, 6, 8, 10, 27–30, 32, 33*

Ny Carlsberg Glyptotek (E–F 5)

★ Eine Glyptothek ist eigentlich eine Sammlung geschnittener Steine, und so ist die Ny Carlsberg Glyptotek in erster Linie ein Skulpturenmuseum. Doch seit der Gründung 1897 wurde der Bestand des Museums erweitert, so daß es inzwischen eine weltberühmte Kollektion von Gemälden besitzt. Die Ny Carlsberg Glyptotek besteht aus zwei Museen. Carl Jacobsen (Sohn des Gründers der Carlsberg-Brauereien) und seine Frau Ottilia beschlossen 1888, ihre umfangreiche Sammlung mit Werken von Thorvaldsen-Schülern, von zeitgenössischen Künstlern und eine Reihe antiker Fundstücke einem breiten Publikum zugänglich zu machen. Vilhelm Dahlerup schuf ihnen den älteren Trakt der Ny Carlsberg Glyptotek, der 1897 eröffnet wurde. Heute enthält er die neuere Kunst, während die Antikensammlung im jüngeren Trakt untergebracht ist, den Hack Kampmanns 1906 hinzufügte. Seitdem hat sich die Sammlung in beiden Bereichen erheblich erweitert. Verbunden werden beide Museumstrakte durch einen Raum, den Prospekte schlicht Wintergarten nennen. In Wahrheit ist er eine große Halle mit Palmen und Grünpflanzen, einem Brunnen mit Fischen, modernen Plastiken, darunter eine liegende, von einem Dutzend Säuglingen bekrabbelte »Wassermutter« von Kai Nielsen. Hier zu sitzen, das künstlich erzeugte Mittelmeerklima zu genießen – es soll auf das Klima hinweisen, in dem die meisten der ausgestellten Werke entstanden sind – und den Klang-Installationen zu lauschen gehört zu den unvergeßlichen Eindrücken eines Besuchs in der Ny Carlsberg Glyptotek. Im antiken Teil des Museums wird in der ägyptischen Abteilung (Saal 1–4) vor allem Grabkunst ausgestellt. Schönstes Stück ist der Kopf einer Prinzessin (mit markantem Hinterkopf) aus der Zeit von 1360 v. Chr. Altorientalische Kunst kann in Saal 5 besichtigt werden, Griechische Kunst der archaischen, klassischen und hellenistischen Zeit in den Sälen 6–9. Hier ist besonders eine zauberhafte Figur einer laufenden Frau mit wehendem Schleier aus der zweiten Hälfte des 5. Jhs. v. Chr. erwähnenswert. Die Entwicklungen der griechisch-römischen Porträtkunst wird in den Sälen 10–17 dokumentiert. Idealisierende Bildnisse des Hellenismus kontrastieren mit dem beobachtungsscharfen, mitunter grausam erscheinenden Realismus römischer Porträts. Die Etruskische Sammlung, deren größter Teil bereits von Carl Jacobsen erworben wurde, ist in den Sälen 19–23 untergebracht.

Gemälde von David, Corot, Courbet, Monet und van Gogh und eine ausgezeichnete Sammlung von Gauguin-Gemälden – darunter die »Tahitianerin mit Gardenie« von 1891 – sind in den Sälen 26, 31 und 32 zu bewundern. Während Carl Jacobsen kein Faible für die Impressionisten hatte, stellte Sohn Helge ab 1915 als Direktor des Museums die Weichen zum Aufbau einer heute hervorragenden Sammlung der Impressionisten und ihrer künstlerischen Erben (Säle 28 bis 30) – Cézanne, Sisley, Pissarro, Monet, Renoir, Bonnard, Vuillard und Maillol. Auch sämtliche (!) Bronzen von Degas sind ausgestellt, darunter die rührende Plastik der kleinen Tänzerin mit vorgestelltem Bein, in die Luft ragender Stupsnase und echtem Tüllröckchen. Groß ist die Sammlung neuerer Skulpturen (Säle 33–47), in der Rodin mit vielen und ausgezeichneten Werken vertreten ist.

Griechische und russische Ikonen des 17. und 18. Jhs. (Saal 38 A) und die – neben der Hirschsprung-Sammlung und dem Statens Museum for Kunst – dritte große Sammlung von Malern des jetzt wieder so gefragten »Goldenen Zeitalters« (Säle 48–53) runden das Ausstellungsangebot ab. Wer auch nur einige wenige Abteilungen besuchen will, wird häufiger im Wintergarten ausruhen müssen. *Sept.–April Di–Sa 10–15, So 10 bis 16 Uhr, Mai–Aug. Di–So 10 bis 16 Uhr, Erwachsene 15 dkr, Kinder frei, Mi und So Eintr. frei, Dantes Plads 7, S und Regionalzug København H., Bus 1, 2, 5, 6, 8, 10, 27–30, 32–34*

Ordrupgaardsamlingen **(O)**
Im verborgenen blüht in einem kleinen Museum in Charlottenlund am nördlichen Stadtrand von Kopenhagen eine wichtige Sammlung französischer Impressionisten: Manet, Renoir, Pissarro, Sisley, Monet, Gauguin und Degas sind hier reichlich mit Hauptwerken vertreten. Auch die Werke dänischer Künstler aus dem 19. und 20. Jh. können sich sehen lassen. *Tägl. außer Mo 13 bis 17 Uhr, Erwachsene 20, Kinder frei, Charlottenlund, Vilvordevej 110, S Klampenborg/Lyngby und Bus 1, 169, 179, 388, 200 S*

In der Nationalgalerie steht das Goldene Zeitalter hoch im Kurs

Statens Museum for Kunst (Nationalgalerie) (F 1–2)

★ Hier sind sie wieder alle vertreten, die Maler des »Goldenen Zeitalters«, die Skagen- und Fünen-Maler, Klassiker wie Zahrtmann und modernere Dänen wie Edvard Weie, Karl Isakson, Olaf Rude und Oluf Høst – die Dänische Nationalgalerie legt eindeutig einen ihrer Schwerpunkte auf Dänemark. Die beachtlichen Werke alter Meister stammen aus der königlichen Kunstkammer, deren Kunstsammlungen den Grundstock für das Statens Museum lieferten; das Hauptgewicht liegt auf holländischer und flämischer Malerei (wobei die Echtheit der vier Rembrandt-Gemälde heute angezweifelt wird). Französische Kunst aus dem ersten Teil des 20. Jhs. bildet einen weiteren Schwerpunkt. Alleine 25 Gemälde von Henri Matisse kann das Statens Museum vorweisen, darunter »Le Luxe, II« von 1907/08, ein Hauptwerk des Fauvismus. Die neun herrlichen Emil-Nolde-Gemälde hat der Maler dem Museum geschenkt.

Zur raschen Orientierung die Aufteilung in dem 1889–96 errichteten Gebäude: Erdgeschoß, Räume 4–15 dänische Kunst von 1900–1960, Räume 20 bis 26 Fra Bartolommeo, Räume 34 bis 37 ausländische Kunst des 20. Jhs., Raum 53 dänische und internationale Kunst nach 1960. Erstes Geschoß: Räume 57 bis 71 flämische, niederländische und deutsche Meister des 15. bis 18. Jhs., Räume 72–75 italienische Meister des 14.–18. Jhs., Räume 76 und 77 französische Meister des 17. und 18. Jhs., Räume 78–80 Emil Nolde und Edvard Munch, Räume 81 bis 104 dänische und skandinavische Künstler des 18. und 19. Jhs. *Di und Do–So 10–16.30, Mi 10–21 Uhr, Erwachsene 20 dkr, Kinder frei, Sølvgade 48–50, S Nørreport, Bus 10, 14, 40, 42, 43 184*

Thorvaldsens Museet **(F 4)**

Mausoleum und Museum in einem ist der Prachtbau auf der Schloßinsel: Bertel Thorvaldsens Grab liegt im Innenhof. Thorvaldsen (1768–1844) hat die Pläne zu dem Monumentalbau von Gottlieb Bindesbøll noch persönlich abgesegnet, und schon zu seinen Lebzeiten, 1839, begann man mit dem Bau, der 1848 fertiggestellt wurde. Er beherbergt Thorvaldsens Privatsammlung – antike Kunstwerke aus ägyptischer, griechischer und römischer Zeit – sowie eine Gemäldesammlung dänischer und europäischer zeitgenössischer Künstler. Das Museum wurde geschaffen, um Thorvaldsens Marmorskulpturen aufzunehmen, darunter »Der Adler und der Knabe« und »Der Hirtenjunge«. Nicht jeder mag diese glatten Kunstwerke, doch Thorvaldsens kunstgeschichtlicher Rang als einer der wichtigsten Bildhauer des Klassizismus ist unbestritten. *Di–So 10–17 Uhr, Eintritt frei, Porthusgade 2, Bus 1, 2, 5, 6, 8, 10, 15 E, 27–29, 125 E*

Tivoli Museet **(E 4)**

★ »Ausstellung über das Phänomen Tivoli« heißt es in der Werbung für das noch recht neue Museum. In der Tat gelingt es der sich über drei Etagen des Andersen-Schlößchens ausbreitenden Ausstellung direkt beim Tivoli, den Zauber der 150jährigen Geschichte des legendären Vergnügungsparks einzufangen und lebendig zu machen. Diesem Zweck dienen alte Plakate, Kostüme, Fotos und Filme, die man per Knopfdruck unendlich oft starten kann. Überhaupt läßt sich in dem Museum, das für Groß und Klein spannend und unterhaltend ist, so mancher Schaukasten per Knopfdruck zum Leben erwecken. Auch ein kleiner Flohzirkus ist aufgebaut, doch welche Liebe zum Detail – und welches Engagement der kleinen Darsteller! – dazu gehört, veranschaulicht erst wieder ein Film. Von der Ausstellung hat man einen schönen Blick auf den Tivoli, der sehnsuchtsvoll wird, wenn im Winter der Vergnügungspark geschlossen ist. In der Museumsboutique kann man dann wenigstens Tivoli-Ausschneidebögen und Blechspielzeug kaufen. *Mai bis Mitte Sept. tgl. 10–22 Uhr, Mitte Sept.–April Di–Fr 10–16, Sa und So 10–17 Uhr, Erwachsene 20, Kinder 10 dkr, H. C. Andersens Boulevard 22, S und Regionalzug København H., Bus 1, 2, 6, 8, 14, 16, 19, 27–30, 32, 33, 67, 68, 69, 250 S*

Wohin gehen wir essen?

Für seine »Butterbrote« ist Kopenhagen berühmt. Tradition bieten auch einige Feinschmeckerlokale

Nein, eine kulinarische Hochburg ist Kopenhagen nicht, obwohl sich hier schon einige Restaurants etabliert haben, die über den Landesdurchschnitt hinausragen. Dänische Küche ist im allgemeinen ein wenig deftig und bevorzugt Geschmackszusammenstellungen, die andere Europäer gern merkwürdig finden. Beispielsweise Fisch mit süßer Soße! Dänische Küche also erobert nicht im Sturm, sondern will probiert werden.

Die erste Mahlzeit des Tages fängt schon einmal gut an. Das Frühstück, *morgenmad* genannt, fällt in den meisten Hotels großzügig bis üppig aus. Buffets mit großer Auswahl (von süß bis gesund, die süßen Heringe kann man ja weglassen) sind an der Tagesordnung. Ihr Mittagessen nennen die Dänen *frokost*, was ebenfalls Frühstück heißt. Zu Mittag, zwischen 12 und 14 – manchmal auch 15 – Uhr wird in den Cafés und Restaurants gerne ein kalter Imbiß gereicht. Er besteht in den meisten Fällen aus *smørrebrød*, was übersetzt »Butterbrot« heißt, aber mit Butter und Brot längst nicht abgegessen ist (s. Seite 55). Immer beliebter wird das große *frokost*-Buffet, für das sich anständige Dänen zwei Stunden Zeit nehmen. Auf dem Buffet sind dann auch warme Speisen vertreten. Das kalte Abendessen heißt *aftensmad*, und – verkehrte Welt: Das warme Abendessen, zwischen 18 und 20 Uhr eingenommen, nennen die Dänen *middag*, was Mittag oder Mittagessen bedeutet. Das ist die große Stunde der À-la-carte-Restaurants, in denen die Gerichte nicht nur schmackhaft, sondern auch mit dem typisch dänischen Hang zum gefälligen Design serviert werden. Die Restaurants erwarten ihre Gäste ziemlich früh, 19.30 Uhr ist die rechte Zeit. Die Küchen schließen meist gegen 22 Uhr. Achtung: Am Sonntag bleibt so manches Restaurant geschlossen!

Heimisches Bier *(øl)* ist in Dänemark gut, in den Restaurants aber teuer. Dazu trinken Dänen ihren heißgeliebten Kümmel-

Die Restaurants und Kneipen am Nyhavn werden auch von Kopenhagenern gern besucht. Am liebsten genießen sie im Freien die malerische Kulisse am Kanal

schnaps Akvavit, und das oft lustig durcheinander. In den letzten Jahren wird auch gerne Gammel Dansk getrunken, ein Magenbitter. Wenn sie ausgehen, trinken die Kopenhagener gerne und viel Wein. Dessen Auswahl ist größer und die Qualität besser geworden, die Preise sind bezahlbar.

Der Nachtisch aller Nachtische ist rote Grütze mit Sahne, was auf dänisch *rød grød med fløde* heißt. Nicht-Dänen sollten erst gar nicht versuchen, diese Köstlichkeit selbst zu bestellen, denn die Aussprache kann ihnen ohne Übung einfach nicht gelingen.

Und dann gibt es noch die Geschichte vom Kaffeepunsch auf dänisch, der nur Spaß macht, wenn er am Tisch zubereitet wird: Dabei wird eine Kronenmünze in einer Kaffeetasse so lange mit Kaffee begossen, bis sie nicht mehr zu sehen ist; dann wird so lange Akvavit aufgefüllt, bis das Geldstück wieder zum Vorschein kommt...

Von A bis Z, von »A Hereford Beefstouw« bis »Zorbas« (das Angebot an ausländischen Spezialitäten-Restaurants ist groß), reicht die Liste der Kopenhagener Restaurants, insgesamt umfaßt sie um die 350 Namen, Cafés eingeschlossen. Denn die Grenzen zwischen Cafés und Restaurants sind in Kopenhagen fließend. In vielen Cafés, die eher einem Bistro als einem klassischen Wiener Kaffeehaus gleichen, wird ausgezeichnetes Essen serviert (und abends gibt's oft noch Musik).

Überhaupt ist die Latte recht hoch angelegt. Mit dem Essen unzufriedene Kopenhagen-Touristen trifft man kaum. Nur richtige Gourmet-Tempel, mit Mützen, Hauben, Sternen, Kochlöffeln oder anderen Insignien ihrer Meisterschaft dekoriert, sucht man (bis auf eine Ausnahme, das Restaurant »Kong Hans«) vergebens, deshalb fehlt hier auch die sonst bei MARCO POLO übliche Liste der Gourmet-Tempel.

CAFÉS

Kopenhagens Café-Kultur ist äußerst lebendig und ausgeprägt. Die Cafés sind über die ganze Innenstadt verteilt, besonders viele finden sich in der Umgebung der Ny Adelgade. Einen Tischservice werden Gäste häufig vermissen, Selbstbedienung ist an der Tagesordnung. Kopenhagener jeden Alters und jeder Schicht nutzen die Cafés als Treffpunkt. Ihre Kleidung reicht von leger bis elegant, auch Geschäftsleute halten hier gern Besprechungen ab oder erledigen, mit Funktelefon und Laptop ausgestattet, wichtige Arbeit. Fremden fällt sofort der ausnahmslos herzliche Umgang miteinander auf. Selbstverständlich ist es beispielsweise, daß sich einander fremde Gäste Tische teilen und dicht zusammenrücken, wenn die angekündigte Live-Musik, die viele Cafés abends bieten, zahlreiche Zuhörer angelockt hat.

Café Dan Turrell **(G 3)**
Benannt nach dem inzwischen verstorbenen, aber in Dänemark immer noch sehr populären Schriftsteller und Lebenskünstler. Hell und avantgardistisch, gemischtes Publikum, nicht teuer. Abends literarische Lesungen und Live-Musik (Jazz). *So–Do 14.30–3, Fr und Sa 10–5 Uhr, St. Regnegade 3–5*

La Glace **(F 4)**
★ ⦿ Typisch dänische Konditorei, die älteste in Kopenhagen (schon in der fünften Generation), in einem Haus aus dem Jahre 1870, gemütliche Ausstattung, aber klein und oft voll. Nicht die Hoffnung aufgeben, ruhig öfter vorbeigehen und nach einem Plätzchen Ausschau halten! Spezialität: heiße Schokolade und »Sportkuchen«, der 1891 zum ersten Mal ausgeliefert wurde und dessen komplizierte Herstellung in einem Jubiläumsprospekt nur verraten wird, weil ihn niemand so vollendet backen kann wie der Konditormeister selbst. Die Plätzchen in der grünen Keksdose sind nicht nur zu Weihnachten ein schönes Souvenir! *Mo–Do 8–17, Fr 8–18, Sa und So 9–17 Uhr, Skoubogade 3–5 (direkt am Strøget)*

Kransekagehuset **(G 3)**
Kransekage heißt der berühmte dänische Kranzkuchen mit Marzipan, nur eine der vielen Spezialitäten des Cafés, das noch am ehesten einem traditionellen Kaffeehaus ähnelt. *Mo–Fr 8–18, Sa 9–16 Uhr, Østergade 24B/Ecke Pistolstræde*

Café Norden **(F 4)**
Jugendstil-Café, das sich über zwei Etagen erstreckt, edles

MARCO POLO TIPS FÜR RESTAURANTS

1. **La Glace**
Kopenhagens älteste Konditorei. Dose mit Keksen als Souvenir mitnehmen! (Seite 51)
2. **Hviids Vinstue**
Noch ein Rekord: die älteste Weinstube. Und die gemütlichste (Seite 57)
3. **Cassiopeia**
So schön sitzt man auf kaum einer anderen Restaurant-Terrasse (Seite 55)
4. **els**
Traditionsreich, kostbar ausgestattet – und urgemütlich (Seite 55)
5. **Ida Davidsen**
Hier findet man die köstlichsten *smørrebrøder* auf dem längsten *smørrebrødseddel* der Stadt (Seite 56)
6. **Peder Oxe**
Rustikales Restaurant und ein Weinkeller im romanischen Gewölbe (Seite 56)
7. **Skipperkroen**
Nyhavn-Restaurantkultur vom Besten – einschließlich der aufmerksamen Bedienung (Seite 57)
8. **Kommandanten**
Restaurant im historischen Kommandantenhaus, eigenwillig dekoriert vom Künstler Tage Andersen (Seite 54)
9. **Kong Hans**
Der Elsässer Daniel Letz erkochte dem feinen Restaurant den ersten Stern (Seite 54)
10. **Krogs Fiskerestaurant**
Wer Fischgerichte mag, ist hier im Himmel (Seite 54)

Ambiente, nicht billig (trotzdem Selbstbedienung). *Mo–Sa 9–24, So 10–24 Uhr, Østergade 61*

Kafé Port salut **(F 4)**

Beliebter Treffpunkt für junge Leute im Jugendtreff Huset (Hauptgebäude Erdgeschoß), vor allem abends und nachts sehr gut besucht. Abends auch Treffpunkt der farbigen Bevölkerung der Stadt. *Mo–Fr 13–2, Sa und So 14 bis 2 Uhr, Rådhusstræde 13*

Café Royal **(D 4)**

Es gehört zum SAS-Hotel Royal. Nicht besonders gemütlich, aber sehr populärer Treffplatz, verführerische Gerichte bei schnellem Service. *Tgl. 12–23.30 Uhr, Hammerichsgade 1*

Sabines Caféteria **(E 3–4)**

Kiez-Café im alten Uni-Viertel mit jungem Publikum (Studenten, Eltern mit Kindern), gut zum Reden, nicht so edel wie an-

Hinter diesem Tor wird das legendäre Bier gebraut

dere Cafés, aber immer noch gepflegt. *Mo–Fr 8–2, Sa 9–2, So 14 bis 2 Uhr, Teglgårdsstræde 4*

Café Sommerskov **(F 3)**
Sehr belebtes Café auf zwei Etagen, große und helle Räumlichkeiten. Tip für gutes Frühstück und für erschwingliche kleine Mahlzeiten tagsüber. *Tgl. 9 bis 2 Uhr, Kronprinsensgade 6*

Café Victor's **(F 3)**
Exklusives Café, Bar und Restaurant (dänische und französische Küche) im klassischen Stil, edles Ambiente. Obwohl In-Treffpunkt moderate Preise. *Mo bis Mi 9–1, Do 9–3, Fr und Sa 9 bis 4 Uhr, Ny Østergade 8*

PUBS

Brew Pub **(E 5)**
Dänemarks kleinste Brauerei »Apollo« inmitten eines Pubs, kühles Bier und einfache Speisen, direkt am Tivoli. *Mo–Sa 11.30 bis 2, So 11.30–24 Uhr, Vesterbrogade 3*

Pub & Sports **(E 4)**
Beliebter Treffpunkt nach der Arbeit, Dart, Billard. Mehr für junge Leute (was in Dänemark nie ausschließlich zu verstehen ist). *Mo–Sa 11–1, So 16–1, Vester Voldgade 7–9*

Sam's Bar **(F 4)**
Poppige Karaoke-Bar im Stil eines Irish Pub, fast ausschließlich von Touristen besucht. *Mo–Fr 10–2, Sa 9–2, So 12–2 Uhr, Østergade 17–19*

Vin & Ølgod **(F 3)**
Sehr große Kneipe im Stil eines Irish Pub, hallenartig mit vielen Nischen. Besonders beliebt bei skandinavischen Gruppen. Preiswerte Speisen, aber Eintritt: *Di–Fr 25 dkr, Fr und Sa (Entertainer!) 50 dkr. Di–Sa 19–2 Uhr, Skindergade 45*

RESTAURANTS

T = Terrasse

Kategorie 1: teuer (durchschnittlicher Preis für ein Menü pro Person 250 dkr)

Balkonen (T) **(E 5)**
Mit herrlichem Blick auf den Tivoli vom ersten (Restaurant) und zweiten (Cocktail-Bar) Stockwerk. Gepflegte dänische und internationale Küche. Abends Spezialitäten vom Rost, aber auch À-la-carte-Menüs. *In der Tivoli-Saison tgl. 12–24 Uhr, Tivoli, Tel. 33 11 27 85*

Blue Elephant **(G 6)**
Im SAS Scandinavia Hotel: original thailändische Küche in original thailändischer Ausstattung. SAS läßt bei Bedarf die Zutaten einfliegen. *Mo–Fr 12–23, Sa und So 18–23 Uhr, Amager Boulevard 70, Tel. 33 11 15 00*

Den Gyldene Fortun **(F-G 4)**
Ein populäres Meeresfrüchte-Restaurant, in dem tgl. frischer Fisch serviert wird, schöne Lage am Kanal. *Mo–Fr 12–22.30, Sa und So 18–22 Uhr, Ved Stranden 18, Tel. 33 12 20 11*

Den Sorte Ravn (T) **(G 3)**
Eines der populären, teuren Nyhavn-Restaurants in einem Haus aus dem 18. Jh., stark frequentiert von Geschäftsleuten, französische und dänische Küche, auch Tische

am Kanal. *Tgl. 11.30–22.30, Nyhavn 14, Tel. 33 13 12 33*

Divan 2 (T) **(E 5)**
So alt wie der Tivoli: Divan 2 geht auf das Jahr 1843 zurück. Herrlicher Blick über den Tivoli-See. Teure Kunst-Ausstattung. Die französische Küche ist eine der besten der Stadt, hervorragender Weinkeller. *In der Tivoli-Saison tgl. 11.30–24 Uhr, Tivoli, Tel. 33 12 51 51*

Era Ora **(H 5)**
Typisch italienisch durchgestylt, hell, die italienische Küche ist vom Feinsten – das Era Ora in Christianshavn gilt als eines der besten Restaurants der Stadt. *Mo–Sa 18 bis 23.30 Uhr, Torvegade 62, Tel. 31 54 06 93*

Kommandanten **(G 3)**
★ In diesem schönen Haus von 1698 wohnte früher der Kommandant von Kopenhagen. Die komplette, zauberhafte Ausstattung des Restaurants stammt vom Floristen und Innenausstatter Tage Andersen, dessen Geschäft genau gegenüber liegt. Traditionelle dänische Küche, hervorragender Service. Gilt als eines der besten Restaurants in Kopenhagen. Unbedingt Plätze reservieren lassen. *Mo–Fr 12–22, Sa 17.30–22 Uhr, Ny Adelgade 7, Tel. 33 12 09 90*

Kong Hans **(G 4)**
★ Daniel Letz, der aus dem Elsaß stammt, hat für dieses Restaurant den ersten Michelin-Stern Skandinaviens erkocht. Viele halten die französische Küche des Hauses für die beste in der ganzen Stadt. Das Restaurant liegt in gotischen Kellerräumen, die einst König Hans (1455–1513) als Weinkeller nutzte. Sehr teures Restaurant, in dem aber auch preiswertere ländliche Küche angeboten wird. *Mo–Sa 18–24 Uhr, Betriebsferien von Mitte Juli bis Mitte Aug., Vingårdstræde 6, Tel. 33 11 68 68*

Krogs Fiskerestaurant (T) **(F 4)**
★ Eines der besten und auch beliebtesten (und teuersten) Fischrestaurants Kopenhagens in einem Haus aus dem Jahre 1798, gediegene Ausstattung, bei gutem Wetter werden auch Tische vor die Tür gestellt, so daß man auf den Kanal und die Schloßkirche von Christiansborg blickt. *Mo–Sa 11.30–15.30 und 17.30–22.30 Uhr, Gammel Strand 38, Tel. 33 15 89 15*

L'Alsace (T) **(G 3)**
Ein Spezialitäten-Restaurant mit leichter elsässischer Küche, idyllische Lage im Innenhof, vom Wintergarten Blick auf Fachwerkhäuser. *Mo–Sa 11.30–24 Uhr, Ny Østergade 9/Ecke Pistolstræde, Tel. 33 14 57 43*

Nouvelle **(F 4)**
Gehobenes, sehr teures Restaurant mit dänischer Küche, dessen Spezialität ebenfalls Fisch ist. Ausgezeichnete Weinkarte. Im Keller liegt das preiswertere Mittagsrestaurant »Lækerbisken« mit dänischen Spezialitäten. *Mo–Sa 11.30–22 Uhr, Gammel Strand 34, Tel. 33 13 50 18*

Pakhuskælderen **(G 3)**
Nyhavn-Restaurant gehobener Kategorie in einem umgebauten alten Speicherhaus. Dänische und französische Küche, mittags *(von 12–15 Uhr)* traditionelles *frokost-*

Smørrebrød: mehr als ein Butterbrot

Butter gehört dazu und Brot auch. Dennoch ist *smørrebrød* etwas ganz anderes als ein Butterbrot. Ein *smørrebrød* ist ein Stück Lebensgefühl, es zeugt von Kreativität und ist im besten Falle eine ganze Mahlzeit. Touristen, die nichtsahnend gleich ein halbes Dutzend vermeintlicher »Butterbrote« ordern, um ja satt zu werden, sehen sich vor einer unlösbaren Aufgabe. Denn normalerweise reichen zwei, drei der Kreationen aus, um von der *frokost*-Zeit bis zum *middag* am Abend durchzuhalten.

Alles, was aus dem Meer kommt, wird zu *smørrebrød* verarbeitet: Aal, Lachs, Scholle, Krebse, Krabben und Kaviar, außerdem Fleisch, Schinken, Käse, Eier – mitunter alles zusammen. Doch den *smørrebrød*-Künstler erkennt man an den Garnituren. Um welchen Belag es sich handelt, verrät der *smørrebrødseddel,* der Butterbrotzettel, auf dem man das Gewünschte ankreuzt wie auf einem Lottoschein.

Ein *smørrebrød* ist immer ein Gewinn. Das aber nur zu Mittag. Abends ein *smørrebrød* zu bestellen gilt unter Kennern als Fauxpas. Nicht aber, das *smørrebrød* mit Messer und Gabel zu essen.

Buffet. *Tgl. 12–22.30 Uhr, Nyhavn 71, Tel. 33 11 85 85*

St. Gertruds Kloster **(F 3)**
Bei Kerzenlicht speist man in diesem exklusiven Restaurant in einem mittelalterlichen Klosterkeller. Ausgezeichnete und vielgepriesene (aber auch teure) Küche, große Auswahl an Weinen. *Tgl. 17–23 Uhr, Hauser Plads 32, Tel. 33 14 66 30*

Kategorie 2: mittelteuer
(Fleischgericht für eine Person durchschnittlich etwa 100 dkr)

Bacchullus (T) **(G 3)**
Holz dominiert bei der Ausstattung des Restaurants, das in einem Gebäude des 18. Jhs. stilecht untergeschlüpft ist. Dänische Küche mit internationalem Touch, gutes vegetarisches Buffet, große Auswahl guter, weniger bekannter Weine. *Mo–Sa 11.30–24, So 16–24 Uhr, Grønnegade 12–14/Ecke Pistolstræde, Tel. 33 15 16 90*

Cassiopeia (T) **(D 5)**
★ Schlicht eingerichtetes, aber helles und freundliches Restaurant im Tycho-Brahe-Planetarium mit Panoramablick auf den Skt.-Jørgens-See, besonders schöne Terrasse, auf der man auch mal – wie viele Studenten – nur so ein Sonnenbad nehmen kann. *Tgl. 11.30–23 Uhr, Gammel Kongevej 10, Tel. 33 15 09 33*

El Greco **(F 3)**
Lokal mit original griechischer Atmosphäre; weiße Wände, Dachbalken, griechisches Buffet und À-la-carte-Gerichte. *Tgl. 11 bis 24 Uhr, Skindergade 20, Tel. 33 32 93 44*

els **(G 3)**
★ Der »Elch« blickt auf eine lange Tradition bis ins Jahr 1853 zurück. Kostbare, antike Ausstat-

Auch bei kulinarischen Genüssen ist der Tivoli Spitze!

tung, gemütliche Atmosphäre. Buffet und ausgezeichnetes À-la-carte-Essen. *Tgl. 11.30–15 und 17.30–1 Uhr, Store Strandstræde 3, Tel. 33 14 13 41*

Elverhøj **(G 3)**
Vornehmes Restaurant in einem Nyhavn-Haus von 1620. Die Spezialität: Meeresfrüchte. Bei einigen Gerichten muß das Restaurant zu den teuren gerechnet werden. *Tgl. 12–24 Uhr, Nyhavn 23, Tel. 33 32 09 99*

Færgekroen (T) **(E 5)**
Ein Meer von Blumen und Vogelgezwitscher bilden die Kulisse beim Besuch im »Fährkrug« am Ufer des Tivoli-Sees. Dänische Küche, Abendunterhaltung ab 20 Uhr, die Gäste singen mit. *In der Tivoli-Saison tgl. 10–24 Uhr, Tivoli, Tel. 33 12 94 12*

Ida Davidsen **(G 3)**
★ ✪ Berühmtestes und ältestes *smørrebrød*-Restaurant der Stadt, schon in der fünften Generation. Hundertfünfzig Sorten *smørrebrød*, große Portionen und köstliche Kreationen. *Mo–Fr 10 bis 17 Uhr, St. Kongensgade 70, Tel. 33 91 36 55*

Kinesiske Tårn (T) **(E 5)**
Ein Hauch von Fernost am Tivoli-See: Das Chinarestaurant unter chinesischer Leitung bietet chinesische (und mongolische) Spezialitäten an. *In der Tivoli-Saison tgl. 12–23 Uhr, Tivoli, Tel. 33 33 78 00*

Parnas **(G 3)**
Dänemark pur: Küche, Stimmung und Ausstattung sind genauso, wie die Dänen sie lieben – jeden Abend Musik und Tanz bis spät in die Nacht. *Mo–Do 17–3, Fr und Sa 17–5 Uhr, Lille Kongensgade 16, Tel. 33 11 49 10*

Peder Oxe (T) **(F 3)**
★ Große Räume, blankgescheuerte helle Dielen, rustikale Ausstattung und doch eine gemütlich-elegante Atmosphäre – das

macht den Dänen so leicht keiner nach. Unter dem Restaurant hat man in romanischen Gewölben einen Weinkeller eingerichtet, der am Wochenende meist überfüllt ist. *Tgl. 11.30–24 Uhr, Gråbrødretorv 11, Tel. 33 11 00 77*

Sea Palace **(H 4)**
Großes, mehrstöckiges Chinarestaurant in einer reich verzierten chinesischen Dschunke, die im Hafen verankert ist. Große Auswahl an Speisen und effizienter Service (aber Vorsicht bei der Weinkarte!). *Tgl. 18–24 Uhr, Havnegade Kajplads 139, Tel. 33 93 98 88*

Skipperkroen (T) **(G 3)**
★ Edler als der Name »Schifferkrug« verheißt. Restaurant, Café und Bar (mit Live-Musik) in zwei benachbarten Nyhavn-Häusern, in deren überdachtem Zwischenraum man wie in einem Wintergarten sitzt. Auch Tische draußen am Kanal. Gute Küche, gute Weinkarte, besonders nette Bedienung. *Tgl. 12–24 Uhr, Nyhavn 27, Tel. 33 11 99 06*

Kategorie 3: preiswert
(Fleischgericht für eine Person durchschnittlich etwa 55 dkr)

Abelone **(F 4)**
Zwischen antiken Möbeln traditionell dänische Küche genießen, und das preiswert. Das Restaurant ist in einem Rokokohaus untergebracht. *Mo–Sa 11.30–14.30 und 17–24 Uhr, Magstræde 16, Tel. 33 15 27 35*

India Palace **(E 4)**
Indisches Restaurant mit landestypischem (also indischem) Buffet und À-la-carte-Speisen zu vernünftigen Preisen. *Tgl. 11 bis 23 Uhr, H. C. Andersens Boulevard, Tel. 33 91 04 08*

Kronenborg **(F 4)**
Gemütliches Restaurant mit Holzbalken und offenem Kamin. Mittags relativ preiswerte *smørrebrød,* auch andere Speisen. *Mo–Sa 11–22, So 11–16 Uhr, Brolæggerstræde 12, Tel. 33 13 07 08*

Merhaba **(D 5)**
Preiswertes türkisches Restaurant, aber so gut, daß eine Tischreservierung erforderlich ist. *Tgl. 17–1 Uhr, Abel Cathrines Gade 7, Tel. 31 22 77 21*

Spiseloppen **(H 5)**
Einfaches vegetarisches Restaurant in Christianshavn. *Di–So 17–23 Uhr, Bådmandsstræde 32, Tel. 31 57 95 58*

WEINSTUBEN

Frimands Quarteer **(F 3)**
Dunkel-gemütliche Weinstube mit rustikaler Einrichtung, insgesamt sehr ansprechendes Ambiente, es werden auch Speisen angeboten *(frokost von 11.30 bis 16 Uhr). Mo–Sa 11–1 Uhr, Gråbrødretorv, Tel. 33 12 96 86*

Hviids Vinstue **(G 3)**
★ ⊙ Kopenhagens älteste Weinstube, die schon seit 1723 existiert. Eng, gemütlich, dunkel und verräuchert – wer hier nicht mit Kopenhagenern ins Gespräch kommt, ist selbst schuld. Keine Speisen, aber alles, was flüssig ist. Zur Weihnachtszeit gibt es hier den besten *Jule-Gløg. Mo–Do und So 10–1, Fr und Sa 10–1.45 Uhr, Mai–Sept. So geschl., Kongens Nytorv 19, Tel. 33 15 10 64*

udsalg
hos illum
Irma
MARY QUANT
SANS SOUCIS

Shopping mit Pfiff

Ein musealer Blumenladen, handgemachte Bonbons, Minibühnen aus Papier – die Kopenhagener Einkaufslandschaft zeigt nicht nur dänisches Design

Die Werbeaussage, daß Shopping in Kopenhagen süchtig mache, ist gewiß nicht übertrieben. Dänisches Design hat es Kopenhagen-Besuchern angetan, ganz gleich, ob es Kunstwerke, Gebrauchsgegenstände, Möbel oder Mode prägt. So fällt es niemandem schwer, ein passendes Souvenir zu finden. Besonders beliebt sind Glaswaren, Kleidung aus Wolle im typisch dänischen Stil – klare, starke Farben, lässige Schnitte, nicht zu eng – und Holzspielzeug. Hier haben sich Schöpfungen von Kay Bojesen zu Bestsellern entwickelt, z.B. Elefanten, Affen oder dänische Gardisten. Originelle Mitbringsel verkaufen auch die meisten Museen in ihren Shops – allen voran das Tivoli-Museet, in dem Erinnerungsstücke an den Tivoli-Park und Nachbildungen von altem Kinderspielzeug angeboten werden. Für das Louisiana-Museum sind die Vergabe von Lizenzen zur Souvenir-Produktion und der Verkauf der entsprechenden Artikel, die vom Bleistift über Schachteln in allen Größen bis hin zu kostbar ausgestatteten Kunstbüchern reichen, zu einer wesentlichen Erwerbsquelle geworden. Um solch ein geschmackvolles Souvenir zu erstehen, braucht man noch nicht einmal zum Museum nördlich von Kopenhagen hinauszufahren: Das Kaufhaus Illum hat eine ganze Louisiana-Abteilung eingerichtet.

Shopping am Strøget macht süchtig: Kaufrausch bei Illum auf vier Etagen unter der Glaskuppel

Shopping wird Besuchern in Kopenhagen leichtgemacht. Die interessantesten Geschäfte liegen in der Fußgängerzone ★ Strøget oder in deren Seitenstraßen, z.B. im angrenzenden alten Uni-Viertel oder in dem ebenfalls zur Fußgängerzone ausgebauten Straßenzug Læderstræde und Kompagnistræde. Wie in jeder modernen Großstadt gibt es auch in Kopenhagen riesige Einkaufscenter mit Freizeiteinrichtungen unter demselben Dach wie die Scala am Axeltorv, der allerdings dasselbe Schicksal widerfährt wie ähnlichen Einrichtungen in anderen Städten: Es läuft mehr schlecht als recht.

Natürlich kann man auch außerhalb des engen Altstadtbereichs gut einkaufen. So ist beispielsweise der Gammel Kongevej in Frederiksberg eine beliebte, allerdings auch belebte, laute Einkaufsstraße. Ein auffallend großes Angebot hat sich auf dem Flughafen etabliert, wo viele namhafte Firmen Zweiggeschäfte eingerichtet haben. Doch erfahrungsgemäß zieht es die meisten Besucher zum Shopping immer wieder in die Altstadt, in die kleinen Boutiquen und großen Kaufhäuser, in die Fachgeschäfte, von denen so manches die Auszeichnung »Königlicher Hoflieferant« trägt – die übrigens pro Branche nur einmal verliehen wird. Unter dem Markenbegriff »Royal Copenhagen« haben sich 1985 bedeutende dänische Kunsthandwerks-Unternehmen zusammengeschlossen – die Königliche Porzellanmanufaktur Royal Copenhagen und die Porzellanmanufaktur Bing & Grøndahl, die Silberschmiede Georg Jensen und Holmegaard Glas; auch Illums Bolighus als Haus des modernen Designs. Alle Royal-Copenhagen-Unternehmen unterhalten Verkaufsgeschäfte in der Nähe des Amagertorv (und noch weitere, z.B. auf dem Flughafen).

Die Geschäfte sind im allgemeinen montags bis freitags von 9.30 oder 10 Uhr bis 18 Uhr (manchmal auch bis 19 oder 20 Uhr) geöffnet, an Samstagen schließen sie um 13 Uhr, die Warenhäuser um 14 Uhr. Am ersten

MARCO POLO TIPS FÜRS SHOPPING

1 Strøget
Eine der berühmtesten Einkaufsstraßen der Welt – und das zu Recht (Seite 59)

2 Tage Andersen
Aus einem Blumengeschäft macht er ein Museum (Seite 61)

3 Sømods Bolcher
Handgefertigte Bonbons seit 100 Jahren (Seite 62)

4 Illum
Kopenhagens Prachtkaufhaus – mit der Louisiana-Museumsboutique (Seite 64)

5 Priors Dukketeatre
Papiertheater und Ausschneidebögen in einem musealen Lädchen (Seite 65)

6 Georg Jensen
Silber in der Tradition des berühmten Silberschmiedes (Seite 66)

7 Royal Copenhagen
Königliche Porzellanmanufaktur mit Führung für interessierte Besucher (Seite 65)

8 Ravnsborgade
20 Antiquitätengeschäfte Tür an Tür – an sonnigen Tagen ein einziger (Edel-)Flohmarkt (Seite 61)

9 Illums Bolighus
Dänisches Design rund ums Wohnen, in allen Größen, Formen, Farben und Preisklassen (Seite 63)

10 W. Ø. Larsen
Handgearbeitete Pfeifen im Verkaufsladen und Tabakmuseum (Seite 65)

Samstag im Monat dürfen die Geschäfte von 9 bis 17 Uhr offenhalten, im Juni, Juli und August sogar an jedem Samstag.

ANTIQUITÄTEN

Zwanzig Antiquitätengeschäfte und Trödelläden liegen in Nørrebro entlang der ★ Ravnsborgade und in den angrenzenden Straßen. An schönen Tagen gleicht dieses Karree einem Flohmarkt, da die Händler ihre Waren auf die Straße stellen. Ein zweiter Angebotsschwerpunkt liegt in den Altstadtstraßen Læderstræde, Kompagnistræde und Farvergade mit Nebenstraßen. Andere Geschäfte sind über das gesamte (Alt-)Stadtgebiet verstreut.

Royal Copenhagen Antiques **(F 4)**
Stilvolles Geschäft, in dem ausschließlich Antiquitäten der Betriebe angeboten werden, die heute zur Gruppe Royal Copenhagen gehören: Porzellan von Royal Copenhagen und Bing & Grøndahl, Silber von Georg Jensen und altes Holmegaard-Glas. Im gleichen Haus liegt das winzige Georg-Jensen-Museum mit Kunstgewerbearbeiten aus der Silberschmiede des berühmten Meisters von 1904 bis 1940 und persönlichen Erinnerungsstücken (geöffnet zu den üblichen Geschäftszeiten). *Amagertorv 6*

AUKTIONSHÄUSER

Bruun Rasmussen Kunstauktioner **(G 3)**
Größtes Auktionshaus der Stadt mit internationalen Auktionen für Kunst und Antiquitäten und kleineren, u.a. für Wein, Waffen und Bücher. *Bredgade 33*

Bukowski's Auktioner **(G 3)**
Vornehmes Auktionshaus mit vier internationalen Auktionen von Kunst und Antiquitäten pro Jahr. *Kongens Nytorv 22*

BERNSTEIN

Rav Specialisten **(E 4)**
Der kleine, aber feine Laden liegt in der Strøget und ist der einzige »Bernsteinspezialist« (wie er sich selbst nennt) in Kopenhagen. Das »Gold des Nordens« wird aber auch in zahlreichen anderen Geschäften in großer Auswahl und guter Qualität angeboten. *Frederiksberggade 2*

BLUMEN

Tage Andersen **(G 3)**
★ Mehr als ein Blumenladen: Tage Andersens versponnene, kleine Kunstwerke aus Schmiedeeisen stellen längst nicht mehr nur Blumen dar, sondern haben sich zu eigenen Ausstattungsgegenständen entwickelt. Sie machen das Geschäft, zu dem ein Glaspavillon mit exotischen Pflanzen in einem historischen Fachwerk-Hinterhof gehört, zum zauberhaften Museum. Als solches bezeichnet Tage Andersen jetzt auch seinen Laden und kassiert von Neugierigen, die nicht zum Kaufen, sondern zum Anschauen kommen, eine Eintrittsgebühr von 40 dkr. Das Œuvre des Künstlers dokumentiert ein prachtvoller Bildband (in Dänisch und Englisch), der im Geschäft für 800 dkr erworben werden kann. *Ny Adelgade 12*

Erik Bering **(F 3)**
Königlicher Hoflieferant unter den Floristen, ein schön gestalte-

Shopping-Center Scala: alles unter einem Dach

tes Schaufenster gibt Einblicke in den kleinen Laden. *Købmagergade 7*

BONBONS

Sømods Bolcher **(E 3)**
★ Man riecht die alte Bonbonfabrik, die in einem Hinterhof liegt, schon von weitem – aber es ist ein angenehmer Geruch, denn Sømods Bolcher, Königlicher Hoflieferant, verwendet nur natürliche Aromastoffe. Das Naschwerk wird hier noch mit der Hand hergestellt wie vor 100 Jahren, als das kleine Unternehmen gegründet wurde – Sømods Bolcher ist wahrscheinlich die einzige Bonbonfabrik der Welt, die diese Tradition noch aufrechterhält. Man kann nicht nur den Bonbon-Werkern bei der Arbeit zuschauen, sondern auch in einem kleinen Laden Bonbons in allen Farben und Formen, versehen mit den lustigsten Mustern – u. a. mit der dänischen Flagge – kaufen. Dabei ist jedermann erstaunt darüber, wie die Verkäufer in dem altertümlichen Laden all die unbeschrifteten Bonbondosen auseinanderhalten. Neuerdings werden auch Bonbons für Diabetiker gerollt. *Mo–Fr 9–15.30 Uhr, Eintritt frei, Nørregade 36*

BÜCHER

Tyske Bogimport **(E 4)**
Wer den Krimi für den Nachttisch zu Hause vergessen hat, ist hier ebensogut aufgehoben wie jemand, der sich mit ansprechender deutscher Literatur eindecken will. *Vester Voldgade 83*

DAUNENDECKEN

Ofelia **(F 4)**
Wenn Geschäftsmänner aus Übersee Kopenhagen besuchen, haben sie von ihren Ehefrauen häufig den Auftrag, Daunendecken mit nach Hause zu bringen. Deshalb werden diese im weltweit bekannten Spezialgeschäft Ofelia, das eine unglaubliche Auswahl bietet, gleich mit

Tragetasche verkauft. *Strøg-Arkaden, Vimmelskaftet 39*

DESIGN

Artium **(E 4)**
Ein wenig hochtrabend nennt sich das Geschäft in den Rathausarkaden »Skandinavisches Design Center«, doch die Auswahl an geschmackvollen Geschenkartikeln ist gut. *H. C. Andersens Boulevard/Ecke Vesterbrogade*

Bang & Olufsen **(G 3)**
Das Bang & Olufsen-Center bietet eine komplette Verkaufsausstellung des Unternehmens, das im Hi-Fi-Bereich weltweit Maßstäbe im Design gesetzt hat. *Østergade 3–5*

Illums Bolighus **(F 4)**
★ Das Einrichtungshaus (*bolig* heißt Wohnung), das nichts mit dem Kaufhaus Illum in der Nähe zu tun hat (es gehört zur Gruppe Royal Copenhagen), bietet auf vier Etagen Geschmackvolles in bemerkenswertem Design – Glas und Geschirr, Teppiche und Textilien, Mode und Möbel. Hier kann man skandinavisches, vor allem dänisches Design in der ganzen Bandbreite kennenlernen. *Amagertorv 10*

FLOHMÄRKTE

Frederiksberg Loppetorv **(O)**
Ein Flohmarkt, auf dem jedermann verkaufen kann. Auf dem Parkplatz vor dem Rathaus von Frederiksberg, Smallegade. *Mai bis Okt. Sa 10–14 Uhr*

Israels Plads **(E 3)**
Teurer Antiquitäten-Flohmarkt hinter der Nørreport-Bahnstation und dem Frucht- und Gemüsemarkt. *Mai–Okt. Sa 8 bis 14 Uhr*

Lyngby Loppetorv **(O)**
Ein großer und ganz normaler Flohmarkt in Lyngby im Norden der Stadt, an der Lyngby Hovedgade auf dem Parkplatz vor dem Lyngby-Kaufhaus. *Mai–Sept. So 9 bis 14 Uhr*

Nørrebros Runddel **(O)**
Flohmarkt an der Nordspitze des Assistens Kirkegård mit einem Schwerpunkt auf Kunst und Kunsthandwerk, darunter ist viel Selbstgemachtes zu finden. *Mai bis Okt. Sa 10–14 Uhr*

GLAS

Hinz/Kjær Design **(G 3)**
Die moderne dänische Glashütte, die ihre Werkstätten in Gilleleje im äußersten Nordzipfel von Seeland hat, unterhält in Kopenhagen ein Verkaufsgeschäft. Die dort angebotenen ansprechenden Serien- und Einzelstücke (Trinkgläser, Schüsseln, Vasen) sind Beleg dafür, wie hoch in Dänemark die Glasbläser-Kunst entwickelt ist. Sie verleiten zu einem Tagesausflug nach Gilleleje, wo die Glasbläserei freitags *(von 11 bis 17 Uhr)* und samstags *(von 10 bis 14 Uhr)* besichtigt werden kann. *Østergade 24C/Ecke Pistolstræde*

Holmegaard Glas **(G 3)**
Verkaufsgeschäft der seit 1825 bestehenden Glashütte, die bei Næstved in Südseeland, etwa 80 km von Kopenhagen entfernt, liegt. Sie gehört ebenfalls zur Gruppe Royal Copenhagen. *Østergade 15*

HANDARBEITEN

Handarbeitsfremme **(F 4)**
Ein Paradies für jeden, der ein Faible für Handarbeiten hat und Vorlagen und Material oder handgearbeitete Geschenke sucht. *Vimmelskaftet 38*

KÄSE

J. Ch. Andersens Efterfølger **(F 3)**
J. Christian Andersens Nachfolger verkaufen hier Obst, Salate, Feinkost und Käse, Käse, Käse ... Die heimische Produktion beschränkt sich keineswegs auf Danish Blue. *Købmagergade 32*

KAUFHÄUSER

Illum **(G 3)**
★ Der schönste Kauftempel der Stadt mit dem für solche Kaufhäuser üblichen internationalen Angebot auf vier Etagen unter einer wunderschönen Glaskuppel. Gutes Angebot an tagesaktuellen deutschen Zeitungen und Zeitschriften. Von der Købmagergade führt ein gläserner Aufzug direkt zum stark frequentierten Restaurant und Café im vierten Stock. Dort liegt auch die Louisiana-Museumsboutique, in der Kunst, Bücher, Drucke und allerlei Schnickschnack im Louisiana-Design verkauft werden. *Østergade 52*

Magasin du Nord **(G 3)**
Das Kaufhaus der Magasin-Kette, die schon längst den Erzkonkurrenten Illum aufgekauft hat, gilt als Skandinaviens größtes. Das Angebot entspricht dem internationaler Kaufhäuser dieser Größenordnung. Die hochherrschaftliche Fassade stammt noch vom ursprünglichen »Hotel du grand Nord«, das im vorigen Jahrhundert hier errichtet und 1893 zu einem riesigen Kaufhaus umgebaut wurde. Zum Hundertjährigen wurde sie restauriert. *Kongens Nytorv*

MODE

Der Mode wegen fährt niemand nach Kopenhagen, obwohl das Angebot dem jeder Großstadt entspricht. Das gilt auch für die vielen Boutiquen vor allem in der Altstadt, von denen kaum eine aus dem Rahmen fällt. Hier eine kleine Auswahl von Geschäften:

Broderne Andersen **(G 3)**
Internationale Mode für gutbetuchte Damen und Herren. *Østergade 7–9*

Red/Green **(G 4)**
Ebenfalls alles, was schick und teuer für sie und ihn ist. *Bremerholm 1*

Einige Geschäfte lassen ihre Waren von Modedesignern entwerfen und verkaufen sie zu (relativ) erschwinglichen Preisen:

Democrats **(E 3)**
Der Designer Peter Ravn entwirft u.a. fünf T-Shirt-Kollektionen pro Jahr ausschließlich für diesen Laden. *Larsbjørnstræde 8*

Noa Noa **(E 3)**
Farbenfrohe Kollektionen nur für Frauen im Alter von 15 bis 50 (und auch älter) bietet der Besitzer und Designer Harald Helstein. *Larsbjørnstræde 16*

Um das Schuhwerk ist es kaum anders bestellt. Das Angebot

tanzt in Kopenhagen kaum aus der Reihe. Deshalb nur ein Tip:

Bruno & Joel
Schlicht, gut und teuer ist die Ware, die Bruno & Joel im Herren-Geschäft (es gibt auch ein eigenes für Frauen) anbietet. Es handelt sich dabei hauptsächlich um englische Schuhe, aber auch um Schöpfungen eigener Designer, das sind dann Italiener. Vor allem italienische und französische Schuhe in großer Auswahl führt Bruno & Joel im Geschäft für Damen. Herren: *Larsbjørnstræde 15* (**E 3**) Damen: *Ny Østergade 3* (**G 3**)

MUSEUMSSCHMUCK

Museums Kopi Smykker (**G 3**)
Lädchen mit handgearbeitetem Schmuck in Gold, Silber, vergoldeter Bronze oder Bronze: Kopien von skandinavischen Schmuckstücken aus der frühen Bronze- bis zur Wikingerzeit. *Grønnegade 6*

PAPIERTHEATER

Priors Dukketeatre (**F 3**)
★ Da das Geschäft schon über 100 Jahre alt ist, fühlt man sich in dem kleinen Laden, der versteckt in der 2. Etage des Hauses Købmagergade 52 liegt, wie in einem Museum. Hanne Nelander wird nicht müde, den Besuchern (in schönstem Deutsch) die alten Papiertheater zu erklären, die sie ausgestellt hat. Viele der Exponate sind unverkäuflich. Doch die mit Preisschildern versehenen Minibühnen kann man – entweder schon fertig montiert oder als Ausschneidebogen – kaufen, dazu eine ganze Reihe von Theaterstücken, darunter auch viele in Deutsch. Noch immer schreibt die Inhaberin gemeinsam mit Freunden eigens für diese kleinen Kunstwerke neue Theaterstücke. In Priors Dukketeatre werden auch Nachdrucke schöner alter Ausschneidebögen angeboten. *Geöffnet Mo, Di, Do und Fr 12.30–17.30, Mi 10–13 Uhr, Købmagergade 52*

PFEIFEN

W. Ø. Larsen (**F 4**)
★ Alles für Pfeifenraucher, vor allem kostbare handgemachte Pfeifen bietet dieser vornehme Laden, der selbstverständlich Königlicher Hoflieferant ist. Angeschlossen ist ein kleines Tabakmuseum mit Pfeifen aus aller Welt, Tabakdosen und anderen Rauchutensilien. Der Eintritt ist frei. *Amagertorv 9*

PORZELLAN

Rosenthal (**E 4**)
Auch internationales Porzellan-Design wird im Studio-Haus von Rosenthal ausgestellt und angeboten – darunter Stücke von dänischen Künstlern wie Bjørn Wiinblad. (Auch schöne Glassachen werden hier verkauft.) *Frederiksberggade 21*

Royal Copenhagen (**F 4**)
★ Das Service Flora Danica ist das berühmteste Geschirr, das die 1775 gegründete Porzellanmanufaktur jemals hergestellt hat – und noch heute produziert. Erschwinglicher und sehr begehrt ist das blaue Blumenmuster Musselmalet. Aber auch moderne Künstler und Porzellandesigner kommen zum Zuge. Die Arbeit

der Porzellanmaler kann in der königlichen Porzellanfabrik in Frederiksberg im Rahmen einer einstündigen Führung (auch auf deutsch) aus nächster Nähe verfolgt werden. Zusätzlich zur Produktionsstätte in Frederiksberg (**O**) besitzt Royal Copenhagen wunderschöne Verkaufsräume im schönsten aller Häuser am Amagertorv. Auch dort kann während der Verkaufszeiten von Mai bis September einem Porzellanmaler über die Schulter geschaut werden. *Führungen von Mitte Sept. bis April Mo–Fr um 9, 10 und 11 Uhr, von Mai–Mitte Sept. zusätzl. um 13 und 14 Uhr, Eintritt frei, Smallegade 45, Bus 1, 14, 39. Verkaufsräume Amagertorv 6*

PULLOVER

Sweater Market **(E 4)**
In Europas wohl größtem Sweater-Laden – wenigstens behauptet das die Werbung – kann es einem passieren, daß man vor lauter Bäumen den Wald nicht sieht: Zwei Stockwerke sind voll mit typisch nordischen Sweatern gepackt – Sweater in allen Farben, Größen und Mustern. Das Personal läßt Kunden stundenlang herumstöbern, ohne zum Kauf zu drängeln. Die Preise sind erfreulich akzeptabel. *Frederiksberggade 15*

SCHNICKSCHNACK

Søstrene Grenes **(F 4)**
Schnickschnack aus aller Welt – vom Buntstift bis zur Badeseife, vom Radiergummi bis zum Räucherstäbchen – verkauft dieser ständig volle bis überfüllte, enge Laden. Er ist eine Fundgrube für jemanden, der ein kleines, billiges Geschenk sucht: Die preiswertesten Waren kosten nur 13 Øre. *Amagertorv 29*

SILBER

Georg Jensen **(F 4)**
★ »Größter Silberschmied der letzten drei Jahrhunderte« wird Georg Jensen oft genannt, der von 1866 bis 1935 lebte, aber erst 1904 mit Silberarbeiten begann. Das Geschäft, das seinen Namen trägt – und zur Gruppe Royal Copenhagen gehört –, setzt die von ihm begründete Tradition fort. Georg Jensens Schmuck aus den 30er Jahren wird heute wieder hergestellt und ist bei Käufern sehr beliebt. Aber natürlich arbeitet jetzt eine ganze Reihe moderner Silberschmiede und -designer, jeder in seinem eigenen Stil, bei diesem Unternehmen. Und jeder von ihnen empfindet seine Berufung als Ehre. Von Mai bis September kann während der Geschäftszeiten einer der Silberschmiede im Georg-Jensen-Geschäft am Amagertorv (es gibt auch noch weitere, z.B. auf dem Flughafen) bei der Arbeit bewundert werden. *Amagertorv 4*

Peter Krog **(G 3)**
Auf Georg-Jensen-Silberstücke aus zweiter Hand ist dieser Silberhändler spezialisiert. *Bredgade 4*

WEIN

Kjær & Sommerfeldt **(F 3)**
Das Weinangebot hat sich in den letzten Jahren in Dänemark stark verbessert, und die Preise sind auch niedriger geworden. Doch kaum irgendwo sonst wird man

ein solch breites Angebot finden wie in diesem an Lagerbestand und Ausstattung exquisiten Geschäft. Sonderangebote und Ausverkäufe lassen auch edle Tropfen bezahlbar werden. *Gammel Mønt 4*

WOHNAUSSTATTUNG

Lysberg, Hansen & Therp **(G 3)**
Möbel und Interieur, edel und fein – vielleicht nicht gerade als Souvenir, aber doch als Anregung. *Bredgade 3*

ZINN

Tin Centret **(G 3)**
Die größte Auswahl Skandinaviens an Zinnwaren. So verspricht wenigstens die Eigenwerbung. In der Tat ist das Angebot überwältigend. Hier kommen Zinnliebhaber und -sammler auf ihre Kosten! *Ny Østergade 2*

Porzellan aus Kopenhagen ist ein begehrtes Souvenir

HÔTEL D'ANGLETERRE

Traumhaft schlafen

Komfortabel und gediegen sind manche Hotels auch ohne fünf Sterne. Wer etwas Besonderes sucht, übernachtet in ehemaligen Speichern

Mit den Hotels in Kopenhagen verhält es sich ebenso wie mit den Restaurants: Es überwiegt die (gute) Mittelklasse, wahre Luxushotels sind rar, Traumhotels fehlen. In ganz Dänemark gibt es kein Haus, das nach internationaler Einschätzung fünf Sterne verdient hätte, selbst die beiden wohl besten Häuser, das Hotel »D'Angleterre« und das »SAS Scandinavia Hotel«, bleiben darunter. In Kopenhagen gibt es derzeit 83 Hotels mit 17 500 Betten, nur zehn bieten eine Sauna, drei ein Hallenbad.

Immerhin offerieren 20 der Hotels eine Garage – ein Segen in einer Stadt, in der Parkplätze so rar sind, weil der Citybereich in Kurzparkzonen gegliedert ist. Zur Sicherheit sollten Kopenhagen-Urlauber, die mit dem Auto unterwegs sind, schon vor ihrer Anreise klären, ob ihre Unterkunft eine Parkmöglichkeit bereithält.

In Dänemark hat sich eine offizielle Hotelklassifizierung nicht durchgesetzt, und auch der Preis ist nicht immer eine Qualitäts-Richtschnur. Die Preise im Winter liegen erheblich unter den Sommertarifen. Kopenhagener Hotels sind nicht billig, selbst preiswerteste Häuser verlangen für ein Einzelzimmer mit Bad rund 400 dkr. Doppelzimmer mit Bad sind nicht wesentlich teurer. Sie gibt es ab 450 dkr. Bei den teuersten Häusern klettert der Einzelzimmerpreis schnell auf 1700 dkr, das Doppelzimmer kostet 1900 dkr (Ausreißer nach oben nicht berücksichtigt).

D'Angleterre: Das erste Haus am Platz hat seinen Charme bewahrt

Eine Nacht in der Jugendherberge (dänische Jugendherbergen erreichen meistens Hotelstandard) oder in einem Jugendhotel ist schon ab 60 dkr zu haben, der Spitzenpreis liegt bei 135 dkr, dazu kommt noch der Preis für das Frühstück. Oft besteht auch Kochgelegenheit.

Hotelzimmer in Kopenhagen können bei folgender Stelle schriftlich vorbestellt werden: *Hotelbooking København, Bernstorffsgade 1, DK-1577 København K. Die Buchung kann natürlich auch per Telefax (00 45/33 12 97 23) oder telefonisch (00 45/33 12 28 80, Mo–Fr 9–17 Uhr) erfolgen.* Hotelreservierungen nimmt auch folgende Stelle entgegen: *Easy-Book, Århusgade 33–35, DK-2100 København Ø, Telefax 00 45/31 38 06 37. Sie ist telefonisch unter 00 45/*

31 38 00 37 zu erreichen (ganzjährig Mo–Fr 9–18, Sa 9–14 Uhr).

Kann man es riskieren, ohne Zimmerreservierung nach Kopenhagen zu reisen? Die Antwort hängt natürlich stark von der Jahreszeit und vom Veranstaltungskalender ab. Aber immerhin: Die Zimmervermittlung ist gut organisiert. Sie wird von der Hotelbooking-Abteilung des Kopenhagener Fremdenverkehrsbüros übernommen. Anschrift s. oben, Öffnungszeiten: *Jan.–März, Nov. und Dez. Mo–Fr 9–17, Sa 9–14 Uhr, April tgl. 9–17 Uhr, Mai tgl. 9–18 Uhr, Juni tgl. 9–20 Uhr, Juli–Mitte Sept. tgl. 9–24 Uhr, Mitte bis Ende Sept. tgl. 9–22 Uhr.*

Wesentlich preiswerter wohnt, wer ein Pauschalarrangement bucht, die meisten großen und viele kleine Reiseveranstalter haben Kopenhagen im Programm und bieten die Stadt auch mit individueller Anreise an.

HOTELS PREISGRUPPE A

(Für Anspruchsvolle, ab 1000 dkr für Einzelzimmer, aber auch erheblich teurer)

D'Angleterre **(G 3)**
★ Wer von den Großen dieser Welt etwas auf sich hält, muß in diesem Haus wohnen, es ist und bleibt, zumindest vom Image her, das beste – und übrigens auch das älteste – am Platz. Schon allein die Lage am Kongens Nytorv ist hochherrschaftlich. *130 Zi., Kongens Nytorv 34, Tel. 33 12 00 95, Fax 33 12 11 18*

Kong Frederik **(E 4)**
Sehr gutes, anheimelndes Hotel, möbliert im traditionell-klassi-

MARCO POLO TIPS FÜR HOTELS

1 D'Angleterre
Das älteste Hotel ist auch das beste (Seite 70)

2 The Plaza Hotel
Ein Hauch von britischem Empire weht durch das vornehme Haus. Besonders schön: die Bar! (Seite 71)

3 SAS Scandinavia Hotel
Läßt kaum einen Wunsch offen. Sogar ein Casino (das einzige der Stadt) ist vorhanden (Seite 71)

4 Admiral
Komfort im umgebauten Speicherhaus – mit Blick auf den Hafen (Seite 71)

5 Nyhavn Hotel
Das zweite Speicherhaus. Hier wird Romantik gleich mitgebucht (Seite 71)

6 SAS Globetrotter
Komfortabel und gut ausgestattet in Flughafennähe (Seite 72)

7 Ibsens Hotel
Klein, gemütlich, familiär – und preiswert (Seite 73)

8 Selandia
Hier ist der Service besonders freundlich (Seite 73)

schen Stil, aber mit modernen Facilities. *110 Zi., Vester Voldgade 25, Tel. 33 12 59 02, Fax 33 93 59 01*

Phoenix **(H 2)**
Die langweilige Fassade täuscht: Das Haus ist ein ausgezeichnetes Hotel mit sehr viel Komfort. *212 Zi., Bredgade 37, Tel. 33 95 95 00, Fax 33 33 98 33*

SAS Royal Hotel **(D 4)**
Auch dieses Hotel bietet mehr Facilities als die meisten anderen Häuser in Kopenhagen, z.B. Fitneß-Center und Sauna. Das Haus im Zentrum der Stadt, obwohl äußerlich nicht gerade ein großer Wurf, besticht durch modernes, dänisches Design – Arne Jacobsen zeichnet für die Innenausstattung verantwortlich. *266 Zi., Hammerichsgade 1, Tel. 33 14 14 12, Fax 33 14 14 21*

SAS Scandinavia Hotel **(G 6)**
★ Obwohl das Hotel sehr groß ist, wirkt es luxuriös und hat ohne Zweifel Stil. Das Angebot reicht von Bar über Casino bis hin zu Hallenbad und Gesundheitszentrum. *542 Zi., Amager Boulevard 70, Tel. 33 11 23 24, Fax 31 57 01 93*

Sheraton Copenhagen Hotel **(D 4)**
Großes, aber luxuriöses Haus internationalen Zuschnitts. Herrlicher Blick auf den Skt.-Jørgens-See. *471 Zi., Vester Søgade 6, Tel. 33 14 35 35, Fax 33 32 12 23*

The Plaza **(E 5)**
★ 1913 erbautes Hotel, direkt am Hauptbahnhof. Das Haus hat seinen traditionellen vornehmen Stil mit einem Hauch von britischem Empire bewahrt – ganz besonders in der Library-Bar. Die Zimmer sind elegant, wie man es heute kaum noch findet. *93 Zi., Bernstorffsgade 4, Tel. 33 14 92 62, Fax 33 93 93 62*

HOTELS PREISGRUPPE B

(Für mittlere Ansprüche ab 650 dkr im Einzelzimmer)

Admiral **(H 3)**
★ Langgestrecktes, großes Hotel, das in einem 200 Jahre alten, umgebauten Speicher residiert. Das komfortable Haus mit ausgezeichnetem Service liegt direkt am Hafen und in unmittelbarer Nähe von Schloß Amalienborg. *366 Zi., Tolbodgade 24–28, Tel. 33 11 82 82, Fax 33 32 55 42*

Neptun **(H 3)**
Dieses gediegene, kleinere Hotel blickt auf eine hundertjährige Tradition. Günstig gelegen zu Hafen, Theater und Geschäftsviertel. *15 Suiten, 136 Zi., Skt. Annæ Plads 14–20, Tel. 33 13 89 00, Fax 33 14 12 50*

Nyhavn Hotel **(G 3)**
★ Ursprünglich war das Gebäude eines der alten Hafen-Warenhäuser und präsentiert sich jetzt als hervorragendes Hotel mit einem wundervollen Blick auf den Nyhavn-Kanal. Den Zusatz Romantik-Hotel trägt es zu Recht. *82 Zi., Nyhavn 71, Tel. 33 11 85 85, Fax 33 93 15 85*

Opera **(G 4)**
Gemütliches Haus in bester Lage am Kongens Nytorv, Nyhavn und Strøget. Restaurant und Bar sind im englischen Stil eingerichtet, einige Zimmer fallen im Ge-

Admiral Hotel: Wohnen im alten Speicher direkt am Hafen

samtvergleich stark ab. *87 Zi., Tordenskjoldsgade 15, Tel. 33 12 15 19, Fax 33 32 12 82*

Palace Hotel **(E 4)**
Vornehmes, ansprechendes Hotel mit ordentlichen Zimmern direkt am Rathausplatz. *169 Zi., Rådhuspladsen 57, Tel. 33 14 40 50, Fax 33 14 52 79*

SAS Falkoner Hotel **(O)**
Eher ein Tagungs- als ein Touristenhotel, neu möbliert und moderne Facilities, angeschlossen an eines der modernsten und bestausgestatteten Congress-Centren in Nordeuropa, das Falkoner-Center in Frederiksberg. *166 Zi., Falkoner Allé 9, Tel. 31 19 80 01, Fax 31 87 11 91*

SAS Globetrotter **(O)**
★ Modernes, komfortables Hotel in Flughafennähe, ausgestattet mit Schwimmhalle und Fitneß-Club. *197 Zi., Engvej 171, Tel. 31 55 14 33, Fax 31 55 81 45*

Sophie Amalie **(G 3)**
Äußerlich nicht gerade ansprechend, aber im Innern freundliches und komfortables Hotel, ausgestattet in dänischem Design. Beste Lage für Kopenhagen-Besucher. *134 Zi., Skt. Annæ Plads 21, Tel. 33 13 34 00, Fax 33 11 77 07*

HOTELS PREISGRUPPE C

(für einfachere Ansprüche ab 400 dkr im Einzelzimmer)

Absalon Hotel **(D 5)**
Großes Hotel in zentraler Lage in der Nähe des Hauptbahnhofes mit dem Charme und dem persönlichen Service, wie man es aus kleineren Häusern kennt. *253 Zi., Helgolandsgade 15, Tel. 31 24 22 11, Fax 31 24 34 11*

Astoria **(E 5)**
1935 gebaut, aber sorgfältig renoviert und modernisiert, bekannt für seinen guten Service, direkt am Hauptbahnhof. *94 Zi., Banegårdspladsen 4, Tel. 33 14 14 19, Fax 33 14 08 02*

Esplanaden **(H 2)**
Mittelgroßes, ordentliches Hotel, das völlig renoviert wurde. *116 Zi., Bredgade 78, Tel. 33 91 32 00, Fax 33 91 32 39*

Ibsens Hotel **(E 2)**
★ Kleines, preiswertes und gemütliches Hotel, Familienbetrieb. *50 Zi., Vendersgade 23, Tel. 33 13 19 13, Fax 33 13 19 16*

Missions Hotellet Ansgar **(D 5)**
Einfaches, preisgünstiges Hotel in guter Lage – Missionshotels haben in Dänemark eine lange Tradition und werden geführt wie ganz normale Hotels. *87 Zi., Colbjørnsensgade 29, Tel. 31 21 21 96, Fax 31 21 61 91*

Missions Hotellet Hebron **(D 5)**
Ruhiges Familienhotel in der Nähe des Hauptbahnhofes, um 1900 erbaut, völlig modern ausgestattet. *110 Zi., Helgolandsgade 4, Tel. 31 31 69 06, Fax 31 31 90 67*

Selandia **(D 5)**
★ Kleineres, völlig renoviertes Hotel in zentraler Lage, das unter Kopenhagen-Reisenden für seinen freundlichen und persönlichen Service bekannt ist. *84 Zi., Helgolandsgade 12, Tel. 31 31 46 10, Fax 31 31 46 10*

Triton **(E 5)**
Aus der Zeit der Jahrhundertwende stammend, ist dieses Hotel vor ein paar Jahren aufwendig renoviert worden. Die Zimmer sind im typisch dänischen Stil eingerichtet. *123 Zi., Helgolandsgade 7–11, Tel. 31 31 32 66, Fax 31 31 69 70*

Viking **(G 3)**
Nicht besonders modernes, aber gemütliches und ruhiges Hotel in guter Lage in der Nähe des Schlosses Amalienborg. *90 Zi., Bredgade 65, Tel. 33 12 45 50, Fax 33 12 46 18*

FÜR JUNGE LEUTE

City Public Hostel Vesterbro **(C 5)**
Jugendhotel in der Nähe des Zentrums, nicht mehr ganz so preiswert, das nur im Sommer geöffnet hat. *202 Betten, 9 Zi., Absalonsgade 8, Tel. 31 31 20 70*

Copenhagen Youth Hostel **(O)**
Preiswerte, sehr große Jugendherberge, etwa vier km vom Stadtzentrum entfernt. *528 Betten, 144 Zi., davon alle als Familienzimmer geeignet. Vejlands Allé 200, Tel. 32 52 29 08*

Københavns Vandrerhjem – Bellahøj **(O)**
Preiswerte Jugendherberge, in der Gemeinde Brønshøj gelegen, sechs km vom Stadtzentrum Kopenhagens entfernt. *299 Betten, 44 Zi., davon 10 Familienzimmer. Herbergvejen 8, Brønshøj, Tel. 31 28 97 15*

Lyngby-Tårbæk Vandrerhjem **(O)**
Kleinere Jugendherberge in Lyngby, etwa acht km vom Stadtzentrum entfernt. *94 Betten, 22 Zi., davon sind 21 als Familienzimmer geeignet. Rådvad 1, Lyngby, Tel. 42 80 30 74*

Kopenhagener Kalender

Mit vielen Festivals ist Kopenhagen eine würdige Europäische Kulturhauptstadt

Zugegeben: Das Image einer großen Festival-Stadt konnte Kopenhagen noch nie für sich verbuchen. Kaum ein Tourist packt seine Koffer, nur um in der Stadt am Øresund die eine oder andere Kulturveranstaltung unbedingt mitzuerleben – Jazz-Fans vielleicht ausgenommen. Das ändert sich: 1996 ist Kopenhagen die 12. Europäische Kulturhauptstadt. Aus diesem Anlaß werden zahlreiche historische Bauten renoviert und bestehende Einrichtungen wie die Ny Carlsberg Glyptotek erweitert. In ihr Festprogramm nehmen die Organisatoren ungewöhnliche Spielorte auf – z. B. drei befestigte Inselchen vor dem Kopenhagener Hafen. Und ungewöhnlich ist auch das Programm. So präsentieren sich 800 junge Künstler aus sämtlichen Ostsee-Anrainerstaaten. Vom Festivalglanz werden dann auch die traditionellen Veranstaltungen zehren, für die Kopenhagen bislang nicht bekannt ist.

Was wäre Kopenhagen ohne den Wachwechsel der Königlichen Leibgarde. Die Ablösung kommt von Schloß Rosenborg zu Fuß

Und die Kopenhagener werden gründlich mit dem Vorurteil aufräumen, daß sie gar nicht so richtig zu feiern verstünden. Genau das Gegenteil ist der Fall: Kulturdarbietungen werden von ihnen genossen wie ein gutes Essen oder ein interessantes Gespräch.

TÄGLICHE VERANSTALTUNG

Wachablösung

★ Jeden Tag punkt zwölf findet die Wachablösung auf dem Schloßplatz von Amalienborg statt. Zuvor ist die Königliche Leibgarde in ihren blauen (oder roten Gala-) Uniformen von ihrer Kaserne bei Schloß Rosenborg quer durch die Stadt bis zum Schloß marschiert. Von Ostern bis Ende November, wenn die Königin auf Schloß Fredensborg weilt, finden Umzug und Wachwechsel ohne Musik statt, in der restlichen Zeit werden die Wachsoldaten von einem Musikzug begleitet, der übrigens nicht aus Soldaten besteht. Im Winter, wenn die große Wachablösung also mit allem Drum und Dran vollzogen wird, sollte man sich rechtzeitig einen günstigen (Steh-)Platz sichern.

MARCO POLO TIPS FÜR VERANSTALTUNGEN

1 **Wachwechsel**
Macht nicht nur Royalisten Spaß (Seite 75)

2 **Karneval**
Pfingsten einmal anders: Samba-Rhythmen im kühlen Norden (Seite 77)

3 **Dancin' City**
Weltweite Schau des Modern Dance (Seite 77)

4 **Copenhagen Jazz Festival**
Jazz allerorten – viele reisen eigens zu diesem Festival in die Stadt (Seite 77)

5 **Kulturnatten**
Ganz Kopenhagen genießt Kultur bis Mitternacht (Seite 77)

FEIERTAGE

1. Januar
Neujahrstag

März/April
Ostern. In Dänemark ist auch der Gründonnerstag neben dem Karfreitag und dem Ostersonntag und -montag Festtag. Die meisten Geschäfte bleiben am Ostersamstag geschlossen.

April/Mai
Der vierte Freitag nach Ostern ist schon seit drei Jahrhunderten als *Store Bededag* (Großer Bettag) kirchlicher Feiertag.

1. Mai
Tag der Arbeit, an dem bis 12 Uhr mittags gearbeitet wird.

Mai
Christi Himmelfahrt als kirchlicher Feiertag.

Mai/Juni
Pfingstsonntag und *-montag* sind in Kopenhagen nicht nur freie, sondern auch wirkliche Feiertage. Seit gut einem Jahrzehnt findet Pfingsten der *Kopenhagener Karneval* statt.

5. Juni
Am *Grundlovsdag,* dem Verfassungstag, wird der demokratischen Verfassung von 1849 gedacht – allerdings erst ab mittags 12 Uhr. Bis dahin haben die Geschäfte geöffnet.

24.–26. Dezember
Auf die *Weihnachtsfeiertage* haben sich die Kopenhagener lange und gründlich vorbereitet, doch Heiligabend sind die Geschäfte noch bis mittags geöffnet.

31. Dezember
Nytarsaften, Neujahrsabend, wird bis mittags gearbeitet.

FESTE & FESTIVALS

Mai
Meist in der letzten Maiwoche lockt das *Wonderful Copenhagen Marathon* Läufer aus aller Welt zum 42-Kilometer-Lauf durch die Straßen der Stadt an. Die Be-

geisterung der Kopenhagener kennt kaum Grenzen.

Mai/Juni

★ Seit gut einem Jahrzehnt wird in Kopenhagen (wegen der Witterung zu *Pfingsten* und nicht, wie sonst in christlichen Ländern üblich, vor Beginn der Fastenzeit) *Karneval* gefeiert. Dabei hat man sich die südamerikanische Variante mit Samba-Gruppen im Festzug und Feuerwerk zum Vorbild gewählt. Am Pfingstdienstag wird eigens für die Kinder ein Karnevalsfest veranstaltet.

Juni

★ *Dancin' City* ist der Titel des größten Festivals für Modern Dance in Skandinavien, das seit ein paar Jahren über gut zwei Wochen im Juni veranstaltet wird. Dazu werden Tanzgruppen aus aller Welt geladen.

Juli

★ Regelmäßig Anfang Juli lädt das *Copenhagen Jazz Festival* an neun Tagen zu etwa 450 Konzerten, dargeboten von dänischen und internationalen Jazz-Künstlern. Die Aufführungen beginnen schon morgens und enden spätabends. Viele der Konzerte finden in den Altstadtstraßen, auf historischen Plätzen und entlang des Kanals statt. Alle diese Konzerte werden kostenlos gegeben. Die Clubs und kleinen Cafés in Kopenhagen, die ohnehin im Ruf stehen, Jazz-Hochburgen zu sein, sind ein lebendiger Teil des Jazz-Festivals. Hier wird abends ein großes und abwechslungsreiches Programm von hohem Niveau geboten, das alle Jazz-Stile umfaßt. Eintrittspreise zwischen 30 und 100 dkr.

August

Copenhagen Water Festival. Die Hafenpromenaden in der Nähe des Amalienborg-Schlosses bilden an zehn Augusttagen die Kulisse für ein riesiges Stadtfestival mit vielen kulturellen Aktivitäten, Ausstellungen, Ballett- und Opernaufführungen, klassischen und Rock-Konzerten und »Wasser«-Shows. Sie alle beleuchten verschiedene Aspekte des einen Themas: Wasser! Das Programm bietet Kindern und Erwachsenen gleichermaßen viel. Sogar die Cafés und Restaurants offerieren spezielle »Water-Festival«-Menüs, Live-Musik und Unterhaltung.

September

Das renommierte *Copenhagen Film Festival* bietet Vorpremieren der neuen Filme des Herbstes (alle Filme in der Originalfassung mit dänischen Untertiteln) und findet regelmäßig in einer Septemberwoche statt.

Oktober

★ ◎ *Kulturnatten:* Im Rahmen der »Kulturnacht« halten Museen, Kirchen, Galerien, Buchläden, Theater und Kinos bis Mitternacht geöffnet und bieten Spezialveranstaltungen. Sportvereine, Pfadfinder und andere Gruppen arrangieren in dieser Nacht Open-air-Veranstaltungen für das Publikum. Während der Kulturnacht gleicht die Stadt einem Bienenstock. Kulturnacht-Busse bringen die Kulturinteressierten zu den einzelnen Veranstaltungsstätten.

Das *Copenhagen Choir Festival* Ende Oktober präsentiert in vielen Konzerten die besten dänischen Chöre und berühmte Konkurrenten aus dem Ausland.

Am Abend gehen wir aus

Wahrscheinlich landet jeder mal in einer der unzähligen Jazz-Kneipen. Es sei denn, er bleibt im noblen Casino hängen

Wenn es Abend wird, füllen sich die Cafés und Pubs in den Fußgängerzonen der Innenstadt, am Gammel Torv und in der Frederiksberggade, wo verstärkt Live-Musik geboten wird. Disko- und Live-Musik, dabei Jazz vom Feinsten, machen einen Großteil der Abendunterhaltung in der nordischen Metropole aus. Die Grenzen verlaufen fließend. Der Vergnügungspark Tivoli wird zur Konzertarena, in Cafés spielen Musiker auf, Diskos locken mitunter auch mit Live-Musik, und Nachtclubs sind oft nichts anderes als (Edel-)Diskos oder Tanzlokale. Das Angebot ist für eine relativ kleine Stadt wie Kopenhagen groß, hat aber bei weitem nicht Weltstadtformat. Und jede normale Hafenstadt in Europa ist sündiger als die Hauptstadt der Dänen.

CASINO

SAS Scandinavia Hotel **(G 5)**
★ Es ist noch ein Casino vom alten, soliden Schlag: Im Casino Copenhagen im SAS Scandinavia Hotel, das in Zusammenarbeit mit den Casinos Austria konzipiert wurde, entscheiden noch Jackett und Krawatte über den Einlaß. Das Angebot beschränkt sich nicht auf Slot Machines, Blackjack, Punto Banco und American Roulette, sondern es wird auch klassisches, französisches Roulette gespielt. *Tgl. 14–4 Uhr, SAS Scandinavia Hotel, Amager Boulevard 70, Tel. 33 11 51 15*

Für die Nachtschwärmer setzt sich Kopenhagen ins rechte Licht

DISKOS

After Dark **(E 4)**
Gehört zu den wichtigsten Clubs der Kopenhagener Gay-Szene. Neben Disko- wird auch oft Live-Musik gespielt. Die Stimmung ist allabendlich ausgesprochen locker, auch für Heterosexuelle zum Wohlfühlen. *Mo–Sa 23–5 Uhr, Studiestræde 31, Tel. 33 11 06 20*

Annabel's **(G 3)**
★ Edeldisko, in die man (für Dänemark recht ungewöhnlich) nur feingemacht hineinkommt. Keine Jeans! *Tgl. 21 bis 5 Uhr, Lille Kongensgade 16, Tel. 33 11 20 20*

MARCO POLO TIPS FÜR DEN ABEND

1 Casino
Französisches Roulette mit Schlips und Kragen (Seite 79)

2 Annabel's
Edeldisko für Feingemachte (Seite 79)

3 Woodstock
In keiner anderen Disko ist die Stimmung so ausgelassen (Seite 80)

4 Palads
Bonbonbunter Kinopalast – und alle Filme in Originalfassung (Seite 81)

5 Barbue
Führender Underground Club des Landes (Seite 82)

6 Copenhagen Jazz House
Jazz vom Feinsten (Seite 82)

7 Waterloo
Wenn schon Striptease, dann richtig (Seite 83)

8 Königliches Theater
Ballett in bester Tradition (Seite 83)

Fellini **(D 4)**
Eine einzigartige Atmosphäre verbreitet der Night Club im SAS Royal Hotel – hier kann man Ton und Licht in idealer Kombination erleben. *Mo–Do 21–3, Fr u. Sa 21 bis 5 Uhr, Hammerichsgade 1, Tel. 33 14 14 12*

Kridthuset **(E 3)**
Diskomusik und auch Live-Musik, Nachwuchsbands und -musiker erhalten hier eine Auftrittschance. *Mo–Do 16–2, Fr u. Sa 16–5 Uhr, Nørregade 1, Tel. 33 33 09 44*

New Daddy's **(D-E 4)**
Eine der typischen Diskos für die Gegend zwischen Axeltorv und Rådhuspladsen. Die Atmosphäre entspricht der der üblichen In-Diskotheken, in der die aktuelle Musik aus den Charts gespielt wird. *So–Do 23–5, Fr u. Sa 23–7 Uhr, Axeltorv 5, Tel. 33 11 46 79*

Woodstock **(E 4)**
★ Disko, die viele Kopenhagen-Touristen mit Musik der 60er und 70er Jahre anlockt, aber auch mit bewährtem Rock und Pop jüngeren Datums. Die Stimmung ist sehr ausgelassen und fröhlich. *Mo–Mi 21–2, Do 21–3, Fr u. Sa 21–5 Uhr, Vestergade 12, Tel. 33 11 20 71*

Tordenskjold **(G 3)**
Moderne, populäre Diskothek in feiner Gegend. *Tgl. 22–5 Uhr, Kongens Nytorv 19, Tel. 33 12 43 56*

KÄUFLICHER SEX

Was Einrichtungen wie Escort-Service, Saunaclubs, Stripteaselokale und Porno-Shops betrifft, ist Kopenhagen mit jeder anderen Stadt ihrer Größe vergleichbar. Anzeigen (selbst in braven Veranstaltungsheften) und Hotelportiers helfen mit Informationen weiter. Doch wer meint, die

Nicht nur das Palads zeigt Filmstreifen im Original

Hauptstadt des liberalen Landes Dänemark wäre ein Sündenbabel, liegt falsch. Einschlägige Live-Shows sind schon längst verboten. Das direkteste Angebot findet man noch in der Istedgade in Vesterbro, doch ist es nicht ratsam, dort als Tourist allein umherzubummeln.

KINOS

Kinobesuche machen Spaß in Kopenhagen, weil in Dänemark ausländische Filme in Originalfassung – mit dänischen Untertiteln – laufen. Das größte Kinohaus ist der bonbonbunte ★ 🚸 Palads am Axeltorv. Im Jugend- und Kulturzentrum Huset (Hauptgebäude, 2. Etage, s. S. 82) liegt das Biografen, Kopenhagens kleinstes Kino und eines der wenigen verbliebenen alternativen Kinos der Stadt. Die Vorstellungen beginnen meistens um 19 und 21 Uhr.

KONZERTE

Das Heftchen »Copenhagen this week« – das auch in einer deutschen Kurzfassung erscheint – gibt umfassend Auskunft über den Konzertkalender der Stadt, z.B. über die wöchentlichen Aufführungen des Rundfunk-Symphonie-Orchesters (regelmäßige Donnerstag-Konzerte) und des Rundfunk-Unterhaltungsorchesters (Wochenendveranstaltungen) im Radiohusets-Konzertsaal, also im Konzertsaal des Funkhauses *(Julius Thomsensgade 1)*. (**C 3**) Im Sommer spielt sich das Konzertleben vor allem im Tivoli ab, in dessen Konzertsaal hochkarätige Veranstaltungen durchgeführt werden – insgesamt 150 in der Saison. Dabei wirken Solisten und Orchester von Weltrang als Publikumsmagneten. Auch das Museum Louisiana in Humlebæk hat sich einen Namen als Konzertstätte gemacht.

MUSIKKNEIPEN

Barbue **(F 4)**
★ Führender Underground-Club Dänemarks für Live-Musik der Bereiche HipHop bis Techno, Trash, Indie, Avantgarde-Jazz im Jugendtreff Huset (Hauptgebäude, 1. Etage). Am Wochenende Disko-Abende zu bestimmten musikalischen Themen, donnerstags Experimental-Videos. *Di–Sa 20–2 Uhr, Rådhusstræde 13, Tel. 33 32 00 66*

Café Rosa **(F 4)**
Das Café Rosa im Jugendtreff Huset (Vorderhaus, Keller) ist ein kleines Forum, in dem neue und aufstrebende Talente eine Plattform finden. Das Programm setzt sich aus Kabarett, Tanz, Performance, Musik und Lesungen zusammen. *Sept.–Mai tgl. 20 bis 2 Uhr, Rådhusstræde 13, Tel. 33 32 00 66*

Copenhagen Jazz House **(F 3)**
★ Renommiertes Jazz-Café mit dänischen und internationalen Künstlern, Diskothek ab 0.30 Uhr. *Di–Sa 16–5 Uhr, Niels Hemmingsens Gade 10, Tel. 33 15 26 00*

Jazzhus Slukefter **(E 4)**
Jazzhouse im Tivoli, in dem dänische Interpreten meist traditionellen Jazz spielen. *In der Tivoli-Saison Mo-Sa 20–2 Uhr, Tivoli, Vesterbrogade 3, Tel. 33 11 11 13*

Krasnapolsky **(E 4)**
Ansprechendes Café mit Live-Musik. *Mo–Sa 10–2, So 15–2 Uhr, Vestergade 10, Tel. 33 32 88 00*

Montmartre **(E 3)**
Besaß früher als Jazz-Kneipe einen Ruf, heute wird noch immer viel Musik geboten, aber kaum noch Jazz. *So–Do 20–1, Fr u. Sa 20–5 Uhr, Nørregade 41, Tel. 33 12 78 36*

Musikcafe'n **(F 4)**
Bekannter Live-Club im Jugendtreff Huset (Hauptgebäude, 3. Etage), Musik aller Stilrichtungen, darunter auch Jazz.

Ein Haus für die Jugend

Das Huset ist nicht nur das wichtigste Jugend- und Kulturzentrum Kopenhagens, es war auch das erste in ganz Dänemark. 1969 bezogen Hausbesetzer leerstehende Gebäude in der Rådhusstræde, um dort ein Zentrum für alternative Kultur zu gründen. Der dänische Kulturminister ließ sich später überzeugen, diese Idee zu unterstützen. Heute gehört das Huset dem Kopenhagener Jugendzentrum KUC.

Für jugendliche und junggebliebene Kopenhagen-Besucher bietet es nicht nur das Informationszentrum Use It (s. Seite 85), sondern zahlreiche Cafés und Veranstaltungsorte: den Live-Club Musikcafe'n, den restaurierten Rokoko-Saal Salon K für Veranstaltungen, den Underground-Club Barbue, Huset's Teater, das alternative Kino Biografen, die Video Galleriet, den Raum Udstillingen für Ausstellungen und die Cafés Rosa und Kafé Port Salut. (F 4) *Rådhusstræde 13, Tel. 33 32 00 66*

Tgl. 21–2 Uhr, Rådhusstræde 13, Tel. 33 32 00 66

Salon K **(F 4)**
Der restaurierte Rokoko-Salon im Jugendhaus Huset (Hauptgebäude, 1. Etage) dient tagsüber zu Pressekonferenzen und Präsentationen, abends und nachts ist er elegantes Forum für kulturelle Diskussionen und Lesungen, Dichterabende, Kabarett, Kammermusik oder Jazz. *Mi–Sa 20 bis 2 Uhr, Rådhusstræde 13, Tel. 33 32 00 66*

10'er Jazz **(E 4)**
Jazz-Club mit Live-Musik, Publikum aller Altersstufen bis 70 Jahre. *Mo–Mi 20–2, Do–Sa 21–5 Uhr, H. C. Andersens Boulevard 5–7, Tel. 33 51 84 34*

NIGHT CLUBS

Waterloo **(D 5)**
★ Einer der bekanntesten Nachtclubs in ganz Skandinavien, in dem ausgezeichneter Striptease geboten wird. Intime Atmosphäre. *Tgl. 20–5 Uhr, Gammel Kongevej 7, Tel. 31 22 39 46*

Wonder Bar **(E 4)**
Nachtclub (der allerdings auch tagsüber geöffnet ist) mit niveauvollem Striptease. *Mo–Sa 14–5 Uhr, Studiestræde 69, Tel. 33 11 17 66*

THEATER

Mit dem dänischen Theater ist es natürlich ein Kreuz: Wer der dänischen Sprache nicht mächtig ist, wird auch kaum Vergnügen an einer der Theateraufführungen der vielen Bühnen der Stadt haben. So werden sich Theaterbesuche meistens auf Opernabende (auch in Dänisch gesungen) und auf Ballettaufführungen des ★ Königlichen Theaters konzentrieren. Gerade Opern- und Ballettaufführungen sind oft wochenlang im voraus ausgebucht, obwohl Ballette normalerweise dreimal pro Woche auf dem Spielplan stehen.

Vor allem die Werke des dänischen Choreographen Auguste Bournonville (1805–1879), der mehrere Jahrzehnte lang Direktor des Königlichen Balletts war und 50 Ballette selbst schrieb, sind gefragt. Zur Neuinszenierung seines Balletts »Et Folkesagn«, das 1854 entstand, hat Königin Margrethe II. höchstselbst 1991 Bühnenbild und Kostüme entworfen. Das Königliche Theater hat im Juni und Juli Sommerpause. *Kartenbestellung: Tel. 33 14 10 02, Spielplanauskünfte: Tel. 33 15 22 20*

110 000 Lichter lassen den Tivoli abends erstrahlen

Von Auskunft bis Zoll

Obwohl die Stadt übersichtlich ist, braucht man einige Informationen, um sie zu erobern

AUSKUNFT VOR DER REISE

Dänisches Fremdenverkehrsamt
(zuständig auch für Österreich und die Schweiz), *Glockengießerwall 2, 20095 Hamburg, Tel. 040/32 78 03, Fax 040/33 70 83*

AUSKUNFT IN KOPENHAGEN

Københavns Turist Information **(E 5)**
Auskünfte jeder Art, Prospekte und Broschüren, Buchung individueller Stadtführungen, Zimmervermittlung. *Mai tgl. 9–18 Uhr, Juni–Mitte Sept. tgl. 9–20 Uhr, Mitte Sept.–April Mo–Fr 9–17, Sa 9 bis 14 Uhr, So geschl., Bernstorffsgade 1, DK-1577 København K, Tel. 33 11 13 25, Fax 33 93 49 69*

DIS **(E 4)**
Der internationale Studentenausschuß Dänemarks gibt jungen Touristen Tips und Informationen über Studententreffs, preiswerte Cafeterias etc. *Kattesundet 3, Tel. 33 11 00 44*

Das Rathaus – mit der Figur des Stadtgründers Absalon – ist immer ein guter Orientierungspunkt

Use It **(F 4)**
Jugendinformationszentrum im Jugendtreff Huset (Hauptgebäude, 2. Etage), das jungen Kopenhagen-Besuchern kostenlos folgenden Service bietet: Tips zu Sehenswertem und Aktivitäten, Informationen über Konzerte, Festivals und Ausstellungen, Restaurants und Cafés, Vermittlung von preiswerten Quartieren, kostenlose Gepäckaufbewahrung für die gesamte Aufenthaltsdauer in der Stadt, Postadresse für Kopenhagen-Besucher, Schwarzes Brett für Mitfahrgelegenheiten, Ordner für Brieffreundschaften und Gästebuch für Erfahrungen, Anregungen und Kritik. Die Beratung findet in Dänisch und Englisch, manchmal auch in Deutsch statt. Außerdem informiert ein Schwarzes Brett über Übernachtungsmöglichkeiten. *Mitte Juni–Mitte Sept. tgl. 9 bis 19 Uhr, Mitte Sept.–Mitte Juni Mo bis Fr 10–16 Uhr, Sa und So geschl., Rådhusstræde 13, Tel. 33 15 65 18, Fax 33 15 75 18*

ÄRZTLICHE VERSORGUNG

Die ärztliche Versorgung in Dänemark genießt einen ausgezeichneten Ruf. Gesetzlich Versicherte aus Deutschland und Österreich erhalten gegen Vorlage des EU-Krankenscheins – das Formular E 111 bei der eigenen Krankenkasse vor Reiseantritt besorgen! – kostenlose ärztliche Hilfe. Diese wird in gleichem Umfang wie bei gesetzlich versicherten Dänen gewährt. Das bedeutet, daß bei Zahnbehandlungen und Medikamenten eine hohe Eigenbeteiligung zugrunde gelegt wird. Für Schweizer trifft die Regelung nicht zu, sie müssen medizinische Leistungen in bar bezahlen. Notfallbehandlungen in Krankenhäusern sind für jedermann kostenlos.

APOTHEKEN

Geöffnet *Mo–Fr 9–17.30, Sa 9 bis 13 Uhr;* im Stadtzentrum ist folgende Apotheke Tag und Nacht geöffnet: Steno-Apotheke direkt gegenüber dem Hauptbahnhof. (**D 4**) *Vesterbrogade 6C, Tel. 33 14 82 66*

AUTOFAHREN

Dänen fahren erheblich ruhiger als ihre südlichen Nachbarn. Dazu tragen Geschwindigkeitsbegrenzungen bei, die auf Autobahnen 110 km/h und auf Landstraßen nur 80 km/h erlauben. Überschreitungen werden mit sehr hohen Geldstrafen belegt, die von Ausländern ohne Pardon an Ort und Stelle kassiert werden. Ebenfalls zu beachten: Auch tagsüber wird mit eingeschaltetem Abblendlicht gefahren. Das Tankstellennetz ist hervorragend ausgebaut, an allen Tankstellen kann verbleites Benzin (98 Oktan, das entspricht Super) und unverbleites Benzin (*Blyfri,* 92, 95 und 98 Oktan, Normal, Super und Super plus) sowie Dieselkraftstoff getankt werden. Fast immer werden Kreditkarten akzeptiert.

Autofahrern kann die »Danmark Fardselskort« im Maßstab 1:200 000 als Orientierungshilfe empfohlen werden. Sie wird jedes Jahr aktualisiert und ist im Buchhandel zum Preis von 95 dkr (ISBN 87-7450-092-9) erhältlich.

BANKEN/DEVISEN

Mo–Mi u. Fr 9 oder 9.30–16, Do 9 oder 9.30–18 Uhr, Sa geschl. Bargeld tauscht man besser in Kopenhagen um als bereits in Deutschland. Bei einigen Bankfilialen, z. B. im Hauptbahnhof, am Tivoli, in der Touristeninformation und am Flughafen, wird bis 21, 22 oder gar 23 Uhr Geld umgetauscht. An unzähligen Automaten (die nicht immer einer Bank angeschlossen sind) können zu jeder Tageszeit mit der EC-Karte und entsprechender Geheimnummer dänische Kronen abgehoben werden. (Der Automat »spricht« wahlweise auch deutsch oder englich und quittiert die Abhebung mit einem Beleg.) Die Gebührenbelastung auf dem eigenen Konto ist geringer als die Provision, die die Eurocheque-Zentrale berechnet. Sie ist unabhängig von der Höhe des Auszahlungsbetrages, so daß sich hohe Abbuchungen am Automaten lohnen. Eurocheques werden in dkr bis zu einer Höhe von 1500 dkr akzeptiert – nicht nur in Banken, sondern auch in Geschäften, Restaurants und Hotels. Kreditkarten werden in Kopenhagen in weitaus größerem Maße benutzt als in Deutschland. Am weitesten verbreitet sind Eurocard, Visa und Diners.

BEHINDERTE

Behinderte sind in Dänemark in das öffentliche Leben bemerkenswert unkompliziert integriert. Dänen kommen gar nicht auf die Idee, Behinderte auszugrenzen, und sind auch gegenüber fremden Behinderten hilfsbereit. Öffentliche Bauten, die meisten Museen und auch fast alle öffentlichen Verkehrsmittel sind behindertengerecht konzipiert. In fast allen Museen können Rollstühle ausgeliehen werden. Informationen über behindertengerechte Unterkünfte und Einrichtungen gibt die Broschüre »Reisen in Dänemark für Körperbehinderte«, die kostenlos beim Dänischen Fremdenverkehrsamt in Hamburg (s. Auskunft vor der Reise, S. 85) angefordert werden kann.

BOTSCHAFTEN

Botschaft der Bundesrepublik Deutschland (F 1)
Mo–Fr 9–12 Uhr, Stockholmsgade 57, Tel. 31 26 16 22

Botschaft der Republik Österreich (G 1)
Mo–Fr 9.30–12.30 Uhr, Grønningen 5, Tel. 33 12 46 23

Schweizer Botschaft (H 2)
Mo–Fr 9.30–12.30 Uhr, Amaliegade 14, Tel. 33 14 17 96

FAHRRADVERMIETUNG

Kostenfrei dürfen 2000 Fahrräder genutzt werden, die an 150 markanten Stellen in der Innenstadt bereitstehen. Ähnlich wie Einkaufswagen können sie für 20 Kronen, die man bei der Rückgabe zurückerhält, aus Ständern gelöste werden. Fahrräder können u. a. bei folgenden Stellen gemietet werden: *Københavns Cykelbørs* (**E 5**), *Hauptbahnhof, Tel. 33 14 07 17; Gothersgade 157, Tel. 33 11 09 09* (**F 3**); *Dan Wheel »Rent a Bike«* (**D 5**), *Colbjørnsensgade 3, Tel. 31 21 22 27*

FLÜGE

Über den Flughafen Kopenhagen-Kastrup wird die Stadt nicht nur mit zahlreichen internationalen Zielen, sondern auch meist mehrmals am Tag mit acht Flughäfen auf Jütland (Billund, Esbjerg, Karup, Skrydstrup, Sønderborg, Thisted, Ålborg und Århus-Tirstrup), mit Odense auf Fünen und Rønne auf Bornholm verbunden.

SAS (Scandinavian Airlines), (**D 4**), *Hammerichsgade 1–5,* Informationen über Ankünfte und Abflüge *Tel. 32 30 00 00,* Reservierung Inland *Tel. 32 32 68 68.*

SAS Transfer zum Flughafen: (**E 5**) *vom Hauptbahnhof tägl. alle 15 Minuten,* tel. Auskünfte über die Busabfahrten: *31 54 17 01.*

FUNDBÜROS

Københavns Politi (O)
Für allgemeine Verluste *Mo–Mi 9–14, Do 9–17, Fr 9–14 Uhr, Sa u. So geschl., Slotsherrensvej 113, Tel. 32 74 88 22*

Bahn (O)
Dänische Staatsbahn *Mo–Fr 9 bis 16 Uhr, Sa u. So geschl., Lyshøjgårdsvej 80, Tel. 36 44 20 10*

Bus

Tel. Auskünfte unter 36 45 45 45

INFORMATIONEN

Neben den üblichen Prospekten erhält man in Kopenhagen eine Fülle von kostenlosen Info-Heften. Hier eine kleine Auswahl:

Copenhagen This Week

Anders als der Titel verspricht erscheint dieses englischsprachige Heftchen einmal im Monat. Es bietet neben einem aktuellen Veranstaltungskalender eine umfangreiche Sammlung von Informationen über die Stadt, die kaum eine Frage offenläßt. »Stadtführer Kopenhagen« heißt die deutsche Fassung, die seltener erscheint, so daß man keine aktuellen Hinweise findet.

Playtime

So heißt ein vom Jugendinformationszentrum Use It herausgegebener englischsprachiger Low-Budget-Guide, der einmal pro Jahr erscheint und viele Tips für Kopenhagen-Besucher mit kleinem Geldbeutel enthält. Darüber hinaus geben kurze, liebevoll geschriebene Artikel Hinweise, wie man Kopenhagen und seine Bewohner näher kennenlernen kann. Use It gibt auch noch folgende Informationsbroschüren kostenlos in Englisch heraus: »Copenhagen by Bus«, »Copenhagen by Bike«, »Copenhagen bei Foot« und eine Kopenhagen-Karte.

Tourist in Copenhagen and North Seeland

Ein englischsprachiges Heft (es gibt auch eine deutsche Kurzfassung, die nicht so weit verbreitet ist), das zu mehr als der Hälfte aus Werbung besteht und neben einigen wenigen Informationen das großspurige Bild einer Weltstadt vermitteln will – der wirkliche Charme der Stadt wird nicht im geringsten deutlich.

KINDER

Die Dänen nehmen ihre Kinder überall mit hin. Völlig unspektakulär werden sie in das Leben der Erwachsenen einbezogen. Das bedeutet, daß sie überall, auch in öffentlichen Einrichtungen, Banken oder auf Fähren oft liebevoll gestaltete Spielecken vorfinden – und daß jedermann Geduld und Rücksicht übt. Ausländischen Besuchern kann es durchaus Probleme bereiten, ihren an einen solchen Service nicht gewohnten Nachwuchs vom Spielangebot wieder loszueisen.

Für Familien erfreulich ist, daß bei fast allen städtischen und staatlichen Museen und Ausstellungsgebäuden der Eintritt für Kinder frei ist. Es werden auch kostenlos Buggies für den laufmüden Nachwuchs bereit gehalten (manchmal muß der eigene Kinderwagen gegen ein museumseigenes Gefährt getauscht werden). Fast alle Restaurants bieten Kindermenüs an. Hochstühle für Kleinkinder sind eine Selbstverständlichkeit.

KLEIDUNG

In Kopenhagen kleidet man sich im allgemeinen leger, Besucher in Jeans und Turnschuhen sitzen in Restaurants neben Gästen im feinen Anzug mit Krawatte. Wichtiger als große Abendgarderobe sind selbst im Hochsommer

Pullover und Jacke für die Witterung am Meer und für kühle Abende – sowie Regenschutz.

NOTRUF

Tel. *112,* von jeder Zelle aus kostenlos

ÖFFENTLICHE VERKEHRSMITTEL

Die Bus- und S-Bahn-Netze in Kopenhagen sind sehr gut ausgebaut. In der gesamten Hauptstadtregion existiert ein Fahrkartensystem mit Umsteige- und Rabattkarten sowie ein 24-Stunden-Fahrschein mit Umsteigerecht zwischen Bus und Zug. Die Region ist in 95 Zonen aufgeteilt, die die Grundlage für die Fahrpreisberechnung bilden.

Busse und S-Bahnen verkehren ab 5 Uhr morgens bis etwa 0.30 Uhr, danach fahren Nachtbusse in die meisten Stadtviertel vom Rådhuspladsen ab, und zwar um 1, 1.30, 2, 2.30, 3.30 und 4.30 Uhr (es gibt auch Nachtbusverbindungen zu anderen größeren Städten).

Fahrscheine kauft man auf Bahnhöfen oder in den Bussen. 24-Stunden-Fahrscheine und die Copenhagen Card, die als Netzkarten für das gesamte HT-Gebiet (das öffentliche Verkehrsnetz im Großraum Kopenhagen, das etwa die Hälfte Seelands umfaßt) gelten, gibt es auf Bahnhöfen, bei allen HT-Fahrkarten-Ausgaben und auch bei der Touristeninformation. Rabattkarten für 2, 3, 5 oder alle Zonen werden auf Bahnhöfen und in allen HT-Fahrkarten-Ausgaben verkauft. Die Rabattkarten für 2 und 3 Zonen gibt es auch im Bus. Wichtig: Nicht vergessen, zu Beginn der Fahrt die Karte im Entwerter auf dem Bahnhof oder im Bus abzustempeln! Auch mehrere Personen gleichzeitig können eine Rabattkarte benutzen – nur müssen sie entsprechend viele Abschnitte entwerten. Kinder unter 7 Jahren reisen frei. Für 7- bis 11jährige gibt es entweder einen Kinderfahrschein oder eine Kinder-Rabattkarte; zwei Kinder können auch gemeinsam einen Erwachsenen-Fahrschein oder eine Erwachsenen-Rabattkarte benutzen. Wichtig ist die Gültigkeitsdauer: Für Fahrscheine und Rabattkarten beträgt sie eine Stunde in 2 und 3 Zonen, eineinhalb Stunden in 4, 5 und 6 Zonen und zwei Stunden im gesamten Zonen-Bereich.

Wird man ohne gültigen Fahrausweis angetroffen, ist in Bussen eine Gebühr von 300 und in Zügen von 500 dkr zu zahlen. *Fahrplanauskünfte für Busse kann man unter Tel. 36 45 45 45, für Züge unter 33 14 17 01 einholen.*

PARKEN

Nur eine Handvoll Parkhäuser stehen in der Innenstadt zur Verfügung, in denen eine Stunde gut und gern 15 dkr kosten kann. Es gibt zwar auch einige Parkplätze mit Parkuhren und solche, auf denen Parkscheiben vorgeschrieben sind, aber die Altstadt ist rigoros in vier gebührenpflichtige Parkzonen unterteilt; hier ist vorgeschrieben, sich an einem Parkschein-Automaten (Parkomat) einen Parkschein zu ziehen. Zum nächsten Parkomaten ist es niemals weit – aber man benötigt eben Kleingeld. In der roten Zone darf maximal drei Stunden geparkt werden für 15 dkr/Std., daneben gibt es noch gelbe (9 dkr), grüne (6 dkr) und blaue Zonen (4 dkr), in denen man sein Auto zehn Stunden lang parken darf.

Aber dort, wo es darauf ankommt, einen Parkplatz zu ergattern – vor Museen, öffentlichen Gebäuden, Hotels usw. –, gibt es stets nur rote Zonen. Man kann also praktisch sein Auto vor kaum einem Hotel stehenlassen und sich dann für mehrere Stunden auf einen Stadtbummel begeben. Parkscheinpflicht besteht in allen Zonen von *Mo–Fr von 8–18 Uhr,* in den gelben und blauen auch noch *Sa und So von 8–14 Uhr.* Strafen für falsches Parken sind hoch, in vielen Fällen läßt die Polizei das Auto auch abschleppen. Bei ausländischen Besuchern drückt sie häufig ein Auge zu und verfolgt die Zahlung des Strafzettels nicht weiter – aber darauf darf sich niemand verlassen.

Kopenhagen muß auch vom Wasser aus entdeckt werden

POST

Geöffnet Mo–Fr 10–17 Uhr, Sa 9.30–13 Uhr; bei einigen Postämtern Mo–Fr 9.30–17 Uhr, Sa geschlossen.

Das Postamt Købmagergade 33 hat längere Öffnungszeiten: *Mo–Fr 9–18, Sa 9–13 Uhr.* Das Postamt im Hauptbahnhof: *Mo bis Fr 8–22, Sa 9–16, So u. feiertags 10–17 Uhr.*

Das Porto für Briefe und Postkarten nach Deutschland, Österreich und in die Schweiz beträgt jeweils 3,75 dkr (wie im Inland). Meist muß man beim Betreten der Post eine Wartenummer ziehen, die dann aufgerufen wird.

STADTRUNDFAHRTEN

Busrundfahrten **(E 4)**

Unternehmen wie Copenhagen Excursions und Viking Bus bieten eine ganze Palette von Stadtrundfahrten an, z.B. eine City-Tour genannte kurze Rundfahrt von eineinhalb Stunden Dauer, eine zweieinhalbstündige City- und Hafenrundfahrt, eine mehrstündige große Stadtrundfahrt und eine »Königliche Kopenhagen-Tour« mit Besuch der Schlösser Christiansborg und Rosenborg. Informationen über Angebot, Abfahrtszeiten und Preise gibt es bei der Touristeninformation und in jedem Hotel.

Eine interessante Variante ist die Stadtrundfahrt mit dem Sightseeing-Bus des öffentlichen Verkehrsunternehmens HT: Die Busse starten alle 20 Minuten zu einer Rundfahrt zu mehreren Kopenhagener Sehenswürdigkeiten, über die man im Bus einen Prospekt als Reiseführer erhält. Die Teilnehmer können bei den Haltestellen unterwegs beliebig aussteigen und die Fahrt zu jeder gewünschten Zeit wieder fortsetzen. *Mitte Juni–Aug. (manchmal auch bis Mitte Sept.) tgl. 10–17 Uhr; Preis: Erwachsene 20, Kinder 10 dkr (mit Copenhagen Card Erwachsene 10 dkr, Kinder frei); Start: Rådhuspladsen (gegenüber der Zeitung »Politiken«).*

Kanalrundfahrten

Auch Kanalrundfahrten werden von mehreren Unternehmen angeboten. Hier gibt es ebenfalls verschieden lange Touren – mit und ohne Führung – durch das Kanalnetz der Altstadt, den Hafen und hinüber nach Christianshavn. Abfahrtspunkte sind u.a. Gammel Strand (**F 4**) und Nyhavn (**G 3**).

STRÄNDE

Kopenhagen ist keine Badestadt, aber passable Strände liegen in der Nähe, z.B. bei Dragør auf Amager und in der Køge-Bucht südlich der Stadt. Und in einem Umkreis von einer Stunde Autofahrt findet man die schönsten Badestrände Seelands.

TAXEN

Taxen kann man durch Winken überall anhalten, freie Wagen schalten ein grünes »FRI«-Schild. Man kann Taxen auch über *Tel. 31 35 35 35* bestellen.

TELEFON

Vorwahl für Telefonate von Deutschland, Österreich und der Schweiz nach Kopenhagen: 00 45; es gibt keine Ortskennzahl, alle Anschlüsse haben Durchwahl mit acht Ziffern. Vorwahl von Kopenhagen nach Deutschland 00 49, nach Österreich 00 43, in die Schweiz 00 41. Neben Münzautomaten (25 Øre, 1 dkr, 5 dkr, 10 dkr, 20 dkr und 1-DM-Münzen) setzen sich immer mehr Kartentelefone durch; Telefonkarten kann man an DSB-Schaltern, in Postämtern und an Kiosken kaufen.

Tel.-Auskunft innerhalb Dänemarks: 118.

THEATERKARTEN

Königliches Theater
Karten für das Königliche Theater – Schauspiel, Oper und vor allem Ballett – sind schwer zu bekommen. Vorbestellungen (außer in den Theaterferien Juni und Juli) *Mo–Sa 13–19 Uhr, Tel. 33 14 10 02.*

In Kopenhagen gibt es zahlreiche Vorverkaufsbüros, in denen man Tickets für Theater, Konzerte und andere Veranstaltungen gegen Aufpreis vorbestellen kann. Eine Auswahl:

Arte **(O)**
Tgl. 10–16 Uhr, Hvidkildevej 64, Tel. 38 88 22 22

Boltens Billet Bureau **(G 3)**
Mo–Fr 10–17.30 Uhr, Gothersgade 8 C, Tel. 33 32 44 44

Engstrøm & Sødring **(G 3)**
Mo–Fr 9–17.30, Sa 9–13 Uhr, Palægade 6, Tel. 33 14 32 28

Theaterbilletter – 1/2 pris **(E 3)**
Theaterkarten zum halben Preis verkauft die in einem schönen alten Kiosk untergebrachte Kasse in der Nähe des Bahnhofs Nørreport. Es handelt sich dabei um Last-Minute-Tickets für den gleichen Tag, so gibt es werktags ab 17 Uhr auch Karten für das Königliche Theater. Auch Karten für Konzerte und andere Veranstaltungen werden angeboten. *Mo–Fr 12–19, Sa 12–15 Uhr, Nørre Voldgade/Ecke Fiolstræde, Tel. 38 88 22 22, S und Regionalbahn Nørreport, Bus 5, 7E, 14, 16, 31, 42, 43, 73E, 184*

TRINKGELDER

Immer wieder hört und liest man, daß Trinkgelder im Preis eingeschlossen und eine zusätzliche Zahlung nicht üblich sei. Das ist natürlich so nicht richtig: Auch in Dänemark freut sich jeder Kellner, Hoteldiener oder Taxifahrer, wenn sein freundlicher Service zusätzlich durch ein Trinkgeld belohnt wird.

YACHTHÄFEN

Kopenhagen hat zwei kleine Yachthäfen, wie sie gemütlicher kaum sein können. Der größere von beiden mit 120 Liegeplätzen an der Langelinie läßt Boote bis 3,7 Meter Tiefgang zu. Die Gebühr in dieser vollausgestatteten Marina beträgt 80 bis 170 dkr pro Tag. (**H 1**), *Hafenkontor; Langelinie Lystbådehavn, Langelinie, DK-2100 København Ø, Tel. 0045/35 26 23 38.* Der zweite verdient sogar das Prädikat malerisch und liegt mitten in der Innenstadt, nämlich im Nyhavn. Die Kapazität ist gering, es gibt nur 20 Liegeplätze. Zugelassen sind Boote bis zu 5 Meter Tiefgang. Die Liegegebühr beträgt 40 bis 75 dkr (**H 3**) *Hafenkontor: Københavns Havn, Trafikcentrale, Nordre Tolbod 7, DK-1013 København K, Tel. 0045/33 14 43 40.*

Weitere Yachthäfen liegen in unmittelbarer Nähe von Kopenhagen, z. B. in *Hellerup* (100 Liegeplätze, Tiefgang 2,50 Meter, 90 dkr), in *Charlottenlund* (288 Liegeplätze, Tiefgang 4 Meter, 90 dkr), *Kastrup* (920 Liegeplätze, Tiefgang 2,50 Meter, 45–70 dkr) und in *Dragør* (800 Liegeplätze, Tiefgang 3 Meter, 75–145 dkr).

ZOLL

Für Reisende aus EU-Ländern gibt es keine Zollkontrollen mehr. Privatreisende dürfen alle Waren, die zum persönlichen Verbrauch bestimmt sind, frei ein- und ausführen (sofern sie nicht in Duty-free-Läden auf Flughäfen, im Flugzeug oder auf Schiffen gekauft worden sind – in diesem Fall gibt es weiterhin Einfuhrbeschränkungen). Das gilt auch für Alkohol. Dabei wird der Begriff »persönlicher Bedarf« sehr weit ausgelegt – schließlich kann kein Zollbeamter die Behauptung widerlegen, daß man täglich in Champagner badet.

WETTER IN KOPENHAGEN

Die monatlichen Durchschnittswerte im Überblick

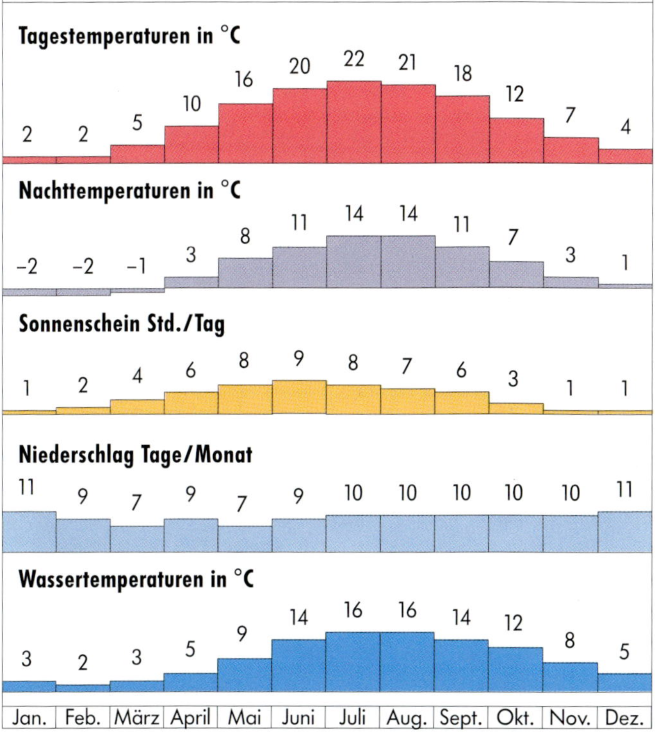

Bloß nicht!

Etwas über Vorurteile gegenüber dem toleranten Kopenhagen. Und was Sie besser nicht tun sollten

Am Wetter verzweifeln
Es ist müßig, sich in Kopenhagen über das Wetter zu ärgern. Die Stadt liegt nun einmal am Meer, und das bedeutet häufig eine frische Brise. Und noch häufiger regnet es – vielleicht den ganzen Kurzurlaub lang. Da hilft nur eines: es den Kopenhagenern nachzumachen. Sie haben selbst beim Platzregen gute Laune – und den Regenschirm dabei.

Christiania knipsen
50 000 Besucher im Jahr sind ihnen schon lästig genug. Eines mögen die Bewohner des »Freistaates« Christiania aber auf keinen Fall: daß neugierige Touristen mit vorgehängter Foto- oder Videokamera in ihr Idyll eindringen.

Das Auto mitnehmen
Eines haben die Kopenhagener Stadtväter geschafft: den Autofahrern das Autofahren madig zu machen. Die Parkplatzbegrenzungen in der Innenstadt sind so rigoros und die Strafen fürs Falschparken so hoch, daß man am besten sein Auto am Stadtrand stehenläßt.

Die Krone belächeln
Ein Scherz, der Wahrheiten in sich birgt: In Dänemark sind sogar die Gegner der Monarchie Royalisten. In der Tat ist die Institution der Krone kaum umstritten, und Königin Margrethe II. ist sogar äußerst beliebt. Das liegt nicht zuletzt an ihrem offensichtlich intakten Familienleben und den von überraschender Bescheidenheit geprägten öffentlichen Auftritten. Sich über die Krone lustig zu machen mag Volkssport in Großbritannien sein – in Dänemark gibt's keinen Grund dazu.

Vorschnell urteilen
Es ist in Dänemark gang und gäbe, daß man (Männer wie Frauen) in der Öffentlichkeit aus der Flasche trinkt – auch Bier. Und wer sich mit dem Sechserpack Bier in die Sonne setzt, ist noch lange kein Trinker, sondern wahrscheinlich eher ein Lebenskünstler.

Zu kumpelhaft werden
Daß die Dänen Kopenhagen-Besucher gleich duzen – in der Bank oder auf der Post, im Lebensmittelgeschäft oder auch im Restaurant –, liegt nicht an mangelnden Sprachkenntnissen: Das Sie-Sagen stirbt in Dänemark aus. Das heißt aber nicht, daß man jedermann gleich mit *»Heij«* begrüßt. Das ist eine Anrede zwischen Leuten, die sich schon besser kennen (und mögen).

In diesem Register finden Sie alle im Reiseführer behandelten Sehenswürdigkeiten, Museen, Restaurants und Hotels. Halbfette Seitenzahlen verweisen auf den Haupteintrag, kursive auf ein Foto.

Sehenswürdigkeiten

Museen

Restaurants

Hotels

Was bekomme ich für mein Geld?

Dänemark und Kopenhagen besonders gelten als teures Pflaster. Daran hat sich auch noch nicht viel geändert, obwohl das Preisgefälle zwischen Deutschland und Dänemark längst nicht mehr so stark ist.

Für ein Glas Bier zum Abendessen zahlt man in einem mittelteuren Restaurant 25–30 dkr, für ein Glas Hauswein etwa 25 dkr. Eine halbwegs gute Flasche Weißwein kostet 150 dkr. Ein Gläschen des dänischen Nationalgetränks Akvavit wird mit 30 dkr berechnet. Eine Cola kostet 18 dkr, ein Kaffee 20 dkr, allerdings wird einem gleich eine ganze Kanne vorgesetzt (oder beliebig nachgeschenkt). Eine Kinokarte erhält man für durchschnittlich 50 dkr. Taxifahrten sind erschwinglich, eine Strecke von fünf Kilometern kostet etwa 40 dkr. Für ein Ortsgespräch zahlt man 32–34 Øre/Minute.

Die dänische Währungseinheit ist die Krone (Abkürzung dkr). Im Umlauf sind Banknoten zu 50, 100, 500 und 1000 dkr. Eine dänische Krone besteht aus 100 Øre. Es gibt folgende Münzen: 25 und 50 Øre, 1 dkr, 2 dkr, 5 dkr, 10 dkr und 20 dkr.

Der Wechselkurs Mark/Kronen ist keinen Schwankungen unterworfen. So gilt die Faustregel: Wer den Kronenbetrag durch vier teilt, erhält in etwa den Gegenwert in Mark. 100 österreichische Schillinge entsprechen etwa 55 dkr, 100 Schweizer Franken ca. 450 dkr.

DM	dkr	dkr	DM
1	3,77	1	0,27
2	7,53	5	1,33
3	11,30	10	2,66
4	15,06	25	6,64
5	18,83	50	13,28
10	37,66	75	19,91
15	56,49	100	26,55
20	75,32	150	39,83
30	112,98	200	53,10
40	150,64	250	66,38
50	188,30	300	79,65
60	225,96	400	106,20
70	263,62	500	132,75
80	301,28	600	159,30
90	338,94	700	185,85
100	376,60	750	199,13
200	753,20	800	212,40
300	1.129,80	900	238,95
500	1.883,00	1.000	265,50
750	2.824,50	2.500	663,75
1.000	3.766,00	5.000	1.327,50

Sprechen und Verstehen ganz einfach

Zur Erleichterung der Aussprache sind alle dänischen Wörter mit einer einfachen Aussprache (in eckigen Klammern) versehen.

AUF EINEN BLICK

Ja./Nein./Vielleicht.	Ja. [ja]/Nej. [nei]/Måske. [mosgeh]
Bitte.	Undskyld./Vær så venlig./Tak. [onnsküll/wär so wännli/tack]
Danke.	Tak. [tack]
Vielen Dank!	Mange tak. [mange tack]
Gern geschehen.	Det var så lidt. [deh war so litt]
Entschuldigung!	Undskyld! [onnsküll]
Wie bitte?	Hvad behager? [wa behar]
Ich verstehe Sie/dich nicht.	Jeg forstår Dem/dig ikke. [jei forstohr dem igge]
Ich spreche nur wenig …	Jeg kan kun lidt … [jei kann kunn litt]
Können Sie mir bitte helfen?	Undskyld, kan De hjælpe mig? [onnsküll, kann die jälpe mei]
Ich möchte …	Jeg vil gerne … [jei will gärne]
Das gefällt mir (nicht).	Det kan jeg (ikke) lide. [deh kann jei (igge) lie]
Haben Sie …?	Har De …? [har die …]
Wieviel kostet es?	Hvad koster det? [wa koster deh]
Wieviel Uhr ist es?	Hvad er klokken? [wa är kloggen]

KENNENLERNEN

Guten Morgen!	Godmorgen! [goh morn]
Guten Tag!	Goddag! [goh däh]
Guten Abend!	Godaften! [goh aften]
Hallo! Grüß dich!	Hallo!/Hej! Dav! [halloh/hei/dau]
Mein Name ist …	Mit navn er … [mit naun är …]
Wie ist Ihr Name, bitte?	Undskyld, hvad er Deres navn? [onnsküll, wa är däres naun]
Wie geht es Ihnen?	Hvordan har De det? [wordann har die deh]
Danke. Und Ihnen/dir?	Godt tak. Hvad med dig/Dem? [gott tack. Wa med dei/dämm]
Auf Wiedersehen!	Farvel! [fahrwäll]
Bis morgen!	Vi ses i morgen! [wi sehs i morn]

UNTERWEGS

Auskunft

links/rechts	venstre/højre [wänstre/heure]
geradeaus	lige ud [lie ud]
nah/weit	tæt/fjernt [tätt/fjärnt]
Bitte, wo ist …?	Undskyld, hvor er …? [onnsküll, wor är …]
Hauptbahnhof	hovedbanegård [hohwed-bähnegohr]
U-Bahn	S-tog [äss-tou]
Flughafen	lufthavn [lofthaun]
Wie weit ist das?	Hvor langt er der? [wor langt är der]

Panne

Ich habe eine Panne.	Jeg har en skade på bilen. [jei hahr en skähde po bielen]
Würden Sie mir bitte einen Abschleppwagen schicken?	Vil De være venlig at sende mig en kranvogn? [will die währe wännli att sänne mei en krahnwoun]
Wo ist hier in der Nähe eine Werkstatt?	Hvor er der et værksted? [wor är der et wärksted]

Tankstelle

Wo ist bitte die nächste Tankstelle?	Undskyld, hvor er den nærmeste tankstation? [onnsküll, wor är den närmeste tankstaschohn]
Ich möchte … Liter …	Jeg vil gerne have … liter … [jei will gärne häh … liter]
… Normalbenzin.	… oktan 93. [oktähn nie-ou-hallfämms]
… Super.	… oktan 96/98. [oktähn säks-ou-hallfämms/ohde-ou-hallfämms]
… Diesel.	… diesel. [diesel]
… bleifrei/verbleit.	… blyfri/blyholdig. [blühfrie/blühholldig]
… mit … Oktan.	… med … oktan. [med … oktähn]
Volltanken, bitte.	Vær venlig at fylde helt op. [währ wännli att fülle hehlt opp]

Unfall

Hilfe!	Hjælp! [jälp]
Vorsicht!	Varsomhed! [wahrsomhed]
Rufen Sie bitte schnell …	Tilkald hurtigt … [tillkall hurdit]
… einen Krankenwagen.	… en ambulance. [en ambulangse]
… die Polizei.	… politiet. [politiet]
… die Feuerwehr.	… brandvæsenet. [brannwähsnet]
Es war meine/Ihre Schuld.	Det var min/Deres skyld. [deh var mien/dähres sküll]
Geben Sie mir bitte Ihren Namen und Ihre Anschrift.	Vær venlig at give mig Deres navn og adresse. [währ wännli att gie mei dähres naun ou adrässe]

ESSEN/UNTERHALTUNG

Wo gibt es hier …	Hvor er der …? [wor är der …]
… ein gutes Restaurant?	… en god restaurant? [en goh resdaurang]
Gibt es hier eine gemütliche Kneipe?	Er der et hyggeligt værtshus? [är der et hüggelit wärtshus]
Reservieren Sie uns bitte für heute abend einen Tisch für 4 Personen.	Vil De være venlig at reservere et bord til i aften til fire personer. [will die währe wännli att reserwehre et bohr till i afften till fier persohner]
Auf Ihr Wohl!	Skål! [skohl]
Bezahlen, bitte.	Jeg vil gerne betale. [jei will gärne betähle]
Wo kann man hier tanzen gehen?	Hvor kan man gå hen at danse? [wor kann mann goh hänn att danse]

EINKAUFEN

Wo finde ich …?	Hvor finder jeg …? [wor finner jei …]
Apotheke	apotek [apotek]
Bäckerei	bageri [bäjerie]
Fotoartikel	fotoartikel [fotoartikel]
Kaufhaus	varehus [wahrehuhs]
Lebensmittelgeschäft	levnedsmiddelforretning [lewnedsmiddelforrättning]
Markt	marked [marked]

ÜBERNACHTUNG

Können Sie mir bitte … empfehlen?	Kunne De anbefale mig … [kunne die anbefähle mei …]
… ein gutes Hotel	… et godt hotel? [et gott hotel]
… eine Pension	… et pensionat? [et pangschonäht]
Ich habe bei Ihnen ein Zimmer reserviert.	Jeg har reserveret et værelse her. [jei hahr reserwehret et währelse her]
Haben Sie noch Zimmer frei?	Har De ledige værelser? [hahr die ledige währelser]
ein Einzelzimmer	et enkeltværelse [et enkeltwährelse]
ein Doppelzimmer	et dobbeltværelse [et dobbeltwährelse]
mit Dusche/Bad	med brusebad/bad [med bruhsebad/bad]
mit Blick aufs Meer	med udsigt over havet [med udsikt ouer hähwet]
für eine Nacht	for en nat [for en natt]
für eine Woche	for en uge [for en uhwe]
Was kostet das Zimmer mit …	Hvad koster værelset med … [wa koster währelset med]
… Frühstück?	… morgenmad? [mornmäd]
… Halbpension?	… halvpension? [hallpangschohn]

PRAKTISCHE INFORMATIONEN

Arzt

Können Sie mir einen guten Arzt empfehlen? — Kan De anbefale mig en god læge? [kann die anbefähle mei en goh lähje]

Ich habe hier Schmerzen. — Jeg har ondt her. [jei hahr onnt her]

Bank

Wo ist hier bitte … — Undskyld, hvor er der … [onnsküll, wor är der …]

… eine Bank? — … en bank? [en bank]
… eine Wechselstube? — … et vekselkontor? [et wäkselkontohr]

Ich möchte … DM (Schilling, Schweizer Franken) in Kronen umwechseln. — Jeg vil gerne veksle DM (schilling, schweizerfrancs) til kroner. [jei will gärne wäksle DM (schilling, schweizerfrancs) till kroner]

Post

Was kostet … — Hvad koster … [wa koster…]
… ein Brief … — … et brev … [et brew …]
… eine Postkarte … — … et postkort … [et postkort]
… nach Deutschland? — … til Tyskland? [till tüsklann]

Zahlen

0	nul [noll]	19	nitten [nitten]
1	en [ehn]	20	tyve [tühwe]
2	to [toh]	21	enogtyve [ehn-ou-tühwe]
3	tre [treh]	22	toogtyve [toh-ou-tühwe]
4	fire [fier]	30	tredive [tredwe]
5	fem [fämm]	40	fyrre [föhr]
6	seks [säks]	50	halvtreds [hallträss]
7	syv [süw]	60	tres [träss]
8	otte [ohde]	70	halvfjerds [hallfjährs]
9	ni [nie]	80	firs [fiers]
10	ti [tie]	90	halvfems [hallfämms]
11	elleve [älwe]	100	et hundrede [et hunnrede]
12	tolv [toll]	200	to hundrede [toh hunnrede]
13	tretten [trätten]	1000	et tusinde [et tuhsinn]
14	fjorten [fjohrten]	2000	to tusinde [toh tuhsinn]
15	femten [fämmten]	10 000	ti tusinde [tie tuhsinn]
16	seksten [seisten]		
17	sytten [sütten]	1/2	en halv [en hall]
18	atten [atten]	1/4	en fjerdedel [en fjehrdehl]

Spisekort
Speisekarte

MORGENMAD	FRÜHSTÜCK
sort kaffe [sort kaffe]	schwarzer Kaffee
kaffe med mælk [kaffe med mälk]	Kaffee mit Milch
koffeinfri kaffe [koffeinfri kaffe]	koffeinfreier Kaffee
te med mælk/citron [teh med mälk/sitrohn]	Tee mit Milch/Zitrone
urtete [urte-teh]	Kräutertee
chocolade [schokoläde]	Schokolade
frugtsaft [fruktsaft]	Fruchtsaft
et blødkogt æg [ett blödkokt äg]	ein weiches Ei
røræg [röhr-äg]	Rühreier
bacon og æg [bäkon ou äg]	Eier mit Speck
brød/rundstykker/ristet brød [bröd/ronnstöckär/ristet bröd]	Brot/Brötchen/Toast
horn [horn]	Hörnchen
smør [smöhr]	Butter
ost [ost]	Käse
pølse [pölse]	Wurst
skinke [skinke]	Schinken
honning [honning]	Honig
marmelade [marmeläde]	Marmelade
mysli [müsli]	Müsli
yoghurt [joghurt]	Joghurt
frugt [frukt]	Obst

FORRETTER	VORSPEISEN
butterdejspostej [budderdeis-postei]	Blätterteigpastete
fiskesalat [fiskesaläht]	Fischsalat
forskellige forretter [forskällije forrätter]	Diverse Vorspeisen
hønsesalat [hönsesaläht]	Geflügelsalat
kold steg [koll stei]	Kalter Braten
leverpostej [lewerpostei]	Leberpastete
pålæg [polläg]	Aufschnitt
røget sild [reuet sill]	Bückling
sildeanretning [sille-anrättning]	Heringsplatte

SUPPEN	SUPPEN
ærtesuppe [ärtesobbe]	Erbsensuppe
kærnemælksuppe [kärnemälksobbe]	Buttermilchsuppe
øllebrød [öllebröd]	Bier-Brotsuppe

FISK OG SKALDYR	FISCH UND SCHALENTIERE
ål [ohl]	Aal
blåmuslinger [blomusslinger]	Miesmuscheln
brisling [brisling]	Sprotte
fiskeboller [fiskeboller]	Fischklößchen
flynder [flünner]	Flunder
gedde [gedde]	Hecht
helleflynder [hälleflünder]	Heilbutt
klipfisk [klippfisk]	Stockfisch
nordsøhummer [nohrsöh-hummer]	Kaisergranat
ørred [örred]	Forelle
pighvar [piggwahr]	Steinbutt
rejer [reier]	Garnelen
rødspætte [rödspätte]	Scholle
sandart [sandart]	Zander
sild [sill]	Hering
torsk [torsk]	Dorsch

KØDRETTER	FLEISCHGERICHTE
bajerske pølser [beierske pölser]	Würstchen
bedekølle [behdekölle]	Hammelkeule
benløse fugle [behnlöse fuhle]	Rouladen
biksemad [bicksemäd]	Bauernfrühstück
engelsk bøf [engelsk böff]	Rumpsteak
flæskesteg [fläskestei]	Schweinebraten
hakkebøf [haggeböff]	Frikadelle
kalveskank [kalweskank]	Kalbshaxe
kødboller [ködboller]	Fleischklößchen
lever [lehwer]	Leber
mørbrad [mörbra]	Lendenbraten
nyrer [nühr]	Nieren
stegt medisterpølse [stekt medisterpölse]	Bratwurst
svinekotelet [swienekotelett]	Schweinekotelett
tunge [tunge]	Zunge

VILDT OG FJERKRÆ	WILD UND GEFLÜGEL
agerhøne [Äjerhöhne]	Rebhuhn
and [ann]	Ente
due [due]	Taube
gås [gohs]	Gans
hare [hahr]	Hase
hjort [johrt]	Hirsch
kalkun [kalkuhn]	Truthahn
kylling [külling]	(Brat-)Huhn/Hähnchen
rådyr [roddühr]	Reh

SALATER	SALATE
agurkesalat [agurkesaläht]	Gurkensalat
blandet salat [blannet saläht]	Gemischter Salat
endiviesalat [endiviesaläht]	Endiviensalat
grøn salat [grönn saläht]	Grüner Salat
italiensk salat [italiehnsk saläht]	Gemüsesalat
julesalat [juhlesaläht]	Chicorée
karrysalat [karrüsaläht]	Heringssalat mit Curry
smørrebrød [smörbröd]	Buntdekoriertes belegtes Brot
det kolde bord [deh kolle bohr]	Kaltes Buffet, bei dem es auch warme Gerichte gibt.

GRØNSAGER	GEMÜSE
ærter [ärter]	Erbsen
blomkål [blommkohl]	Blumenkohl
brunede kartofler [bruhnede kartoffler]	glacierte Kartoffeln
gulerødder [gullerödder]	Möhren
kartoffelmos [kartoffelmohs]	Kartoffelbrei
pillekartofler [pillekartoffler]	Pellkartoffeln
(syltede) rødbeder [sültede röhbeder]	(eingelegte) rote Bete
rødkål [rödkohl]	Rotkohl
rørhatte [röhrhätte]	Steinpilze
savojkål [saweukohl]	Wirsing
svampe [swampe]	Pilze

EFTERRETTER	DESSERT
bondepige med slør [bonnepije med slöhr]	Apfelauflauf (mit Schlagsahne) (wörtlich: Bauernmädchen mit Schleier)
citronfromage [sitrohnfromähsche]	Zitronencreme
frugtsalat [fruktsaläht]	Obstsalat
is [ies]	Eis
jordbæris [johrbähries]	Erdbeereis
omelet med syltetøj [omelätt med sülteteu]	Omelette confiture
piskefløde [piskeflöhde]	Schlagsahne
rødgrød (med fløde) [rödgröd med flöhde]	Rote Grütze (mit Sahne)
æblegrød [äblegröd]	Apfelmus

KAGER	KUCHEN UND GEBÄCK
boller [boller]	süße Brötchen
kvarkkage [kwark-käje]	Käsekuchen
lagkage [laukäje]	Sahnetorte
roulade [rohlähde]	Biskuitrolle
småkager [smo-käjer]	Teegebäck
søsterkage [sösterkäje]	Napfkuchen
wienerbrød [wienerbröd]	Kopenhagener Gebäck

Vinkort

Getränkekarte

ALKOHOLISKE DRIKKE	ALKOHOLISCHE GETRÄNKE
øl [öl]	Bier
fadøl [fad-öl]	Faßbier
brændevin [brännewien]	Branntwein
likør [likör]	Likör
rom [romm]	Rum
snaps [snaps]	Aquavit
vin [wien]	Wein
hvidvin [widwien]	Weißwein
rødvin [rödwien]	Rotwein
hedvin [hedwien]	Südwein

ALKOHOLFRIE DRIKKE	ALKOHOLFREIE GETRÄNKE
kaffe [kaffe]	Kaffee
te (med rom) [teh med romm]	Tee (mit Rum)
te (med citron) [teh med sitrohn]	Tee (mit Zitrone)
æblemost [äblemost]	Apfelsaft
mineralvand [minerahlwann]	Mineralwasser
juice [djuhs]	Fruchtsaft
mælk [mälk]	Milch
chokolade [schokoläde]	Schokolade
kakao [kakäo]	Kakao
appelsinjuice [abbelsiehn-djuhs]	Orangensaft
appelsinvand [abbelsiehn-wann]	Orangenlimonade